京华通览

大运河文化带

主编／段柄仁

走读北京大运河

杨良志　杨家毅／著

北京出版集团公司
北京出版社

图书在版编目（CIP）数据

走读北京大运河 / 杨良志，杨家毅著. — 北京：北京出版社，2018.8
（京华通览 / 段柄仁主编）
ISBN 978-7-200-13859-7

Ⅰ.①走… Ⅱ.①杨… Ⅲ.①大运河—史料 Ⅳ.①K928.42

中国版本图书馆CIP数据核字（2018）第017193号

审 图 号 京S（2013）034号

出 版 人　曲　仲
策　　划　安　东　于　虹
项目统筹　孙　菁　董拯民
责任编辑　于　虹
封面设计　田　晗
版式设计　云伊若水
责任印制　燕雨萌

"京华通览"丛书在出版过程中，使用了部分出版物及网站的图片资料，在此谨向有关资料的提供者致以衷心的感谢。因部分图片的作者难以联系，敬请本丛书所用图片的版权所有者与北京出版集团公司联系。

京华通览
走读北京大运河
ZOUDU BEIJING DAYUN HE
杨良志　杨家毅　著
*
北京出版集团公司
北京出版社　　　　出版
（北京北三环中路6号）
邮政编码：100120

网　址：www.bph.com.cn
北京出版集团公司总发行
新 华 书 店 经 销
天津画中画印刷有限公司印刷
*
880毫米×1230毫米　32开本　8.5印张　170千字
2018年8月第1版　2022年11月第3次印刷
ISBN 978-7-200-13859-7
定价：45.00元

如有印装质量问题，由本社负责调换
质量监督电话：010-58572393

《京华通览》编纂委员会

主　任　段柄仁
副主任　陈　玲　曲　仲
成　员　（按姓氏笔画排序）
　　　　于　虹　王来水　安　东　运子微
　　　　杨良志　张恒彬　周　浩　侯宏兴
主　编　段柄仁
副主编　谭烈飞

《京华通览》编辑部

主　任　安　东
副主任　于　虹　董拯民
成　员　（按姓氏笔画排序）
　　　　王　岩　白　珍　孙　菁　李更鑫
　　　　潘惠楼

序

PREFACE

擦亮北京"金名片"

段柄仁

北京是中华民族的一张"金名片"。"金"在何处？可以用四句话描述：历史悠久、山河壮美、文化璀璨、地位独特。

展开一点说，这个区域在 70 万年前就有远古人类生存聚集，是一处人类发祥之地。据考古发掘，在房山区周口店一带，出土远古居民的头盖骨，被定名为"北京人"。这个区域也是人类都市文明发育较早，影响广泛深远之地。据历史记载，早在 3000 年前，就形成了燕、蓟两个方国之都，之后又多次作为诸侯国都、割据势力之都；元代作为全国政治中心，修筑了雄伟壮丽、举世瞩目的元大都；明代以此为基础进行了改造重建，形成了今天北京城的大格局；清代仍以此为首都。北京作为大都会，其文明引领全国，影响世界，被国外专家称为"世界奇观""在地球表面上，人类最伟大的个体工程"。

北京人文的久远历史，生生不息的发展，与其山河壮美、宜生宜长的自然环境紧密相连。她坐落在华北大平原北缘，"左环沧海，右拥太行，南襟河济，北枕居庸""龙蟠虎踞，形势雄伟，南控江淮，北连朔漠"，是我国三大地理单元——华北大平原、东北大平原、内蒙古高原的交会之处，是南北通衢的纽带，东西连接的龙头，东北亚环渤海地区的中心。这块得天独厚的地域，不仅极具区位优势，而且环境宜人，气候温和，四季分明。在高山峻岭之下，有广阔的丘陵、缓坡和平川沃土，永定河、潮白河、拒马河、温榆河和蓟运河五大水系纵横交错，如血脉遍布大地，使其顺理成章地成为人类祖居、中华帝都、中华人民共和国首都。

这块风水宝地和久远的人文历史，催生并积聚了令人垂羡的灿烂文化。文物古迹星罗棋布，不少是人类文明的顶尖之作，已有 1000 余项被确定为文物保护单位。周口店遗址、明清皇宫、八达岭长城、天坛、颐和园、明清帝王陵和大运河被列入世界文化遗产名录，60 余项被列为全国重点文物保护单位，220 余项被列为市级文物保护单位，40 片历史文化街区，加上环绕城市核心区的大运河文化带、长城文化带、西山永定河文化带和诸多的历史建筑、名镇名村、非物质文化遗产，以及数万种留存至今的历史典籍、志鉴档册、文物文化资料，《红楼梦》、"京剧"等文学艺术明珠，早已成为传承历史文明、启迪人们智慧、滋养人们心灵的瑰宝。

中华人民共和国成立后，北京发生了深刻的变化。作为国家首都的独特地位，使这座古老的城市，成为全国现代化建设的领头雁。新的《北京城市总体规划（2016年—2035年）》的制定和中共中央、国务院的批复，确定了北京是全国政治中心、文化中心、国际交往中心、科技创新中心的性质和建设国际一流的和谐宜居之都的目标，大大增加了这块"金名片"的含金量。

伴随国际局势的深刻变化，世界经济重心已逐步向亚太地区转移，而亚太地区发展最快的是东北亚的环渤海地区、这块地区的京津冀地区，而北京正是这个地区的核心，建设以北京为核心的世界级城市群，已被列入实现"两个一百年"奋斗目标、中国梦的国家战略。这就又把北京推向了中国特色社会主义新时代谱写现代化新征程壮丽篇章的引领示范地位，也预示了这块热土必将更加辉煌的前景。

北京这张"金名片"，如何精心保护，细心擦拭，全面展示其风貌，尽力挖掘其能量，使之永续发展，永放光彩并更加明亮？这是摆在北京人面前的一项历史性使命，一项应自觉承担且不可替代的职责，需要做整体性、多方面的努力。但保护、擦拭、展示、挖掘的前提是对它的全面认识，只有认识，才会珍惜，才能热爱，才可能尽心尽力、尽职尽责，创造性完成这项释能放光的事业。而解决认识问题，必须做大量的基础文化建设和知识普及工作。近些年北京市有关部门在这方面做了大量工作，先后出版了《北京通史》（10卷本）、《北京百科全书》（20卷本），各类志书近900种，以及多种年鉴、专著和资料汇编，等等，为擦亮北京这张"金名片"做了可贵的基础性贡献。但是这些著述，大多是服务于专业单位、党政领导部门和教学科研人员。如何使其承载的知识进一步普及化、大众化，出版面向更大范围的群众的读物，是当前急需弥补的弱项。为此我们启动了《京华通览》系列丛书的编写，采取简约、通俗、方便阅读的方法，从有关北京历史文化的大量书籍资料中，特别是卷帙浩繁的地方志书中，精选当前广大群众需要的知识，尽可能满足北京人以及关注北京的国内外朋友进一步了解北京的历史与现状、性质与功能、特点与亮点的需求，以达到"知北京、爱北京，合力共建美好北京"的目的。

这套丛书的内容紧紧围绕北京是全国的政治、文化、国际交往和科技创新四个中心，涵盖北京的自然环境、经济、政治、文化、社会等各方面的知识，但重点是北京的深厚灿烂的文化。突出安排了"历史文化名城""西山永定河文化带""大运河文化带""长城文化带"四个系列内容。资料大部分是取自新编北京志并进行压缩、修订、补充、改编。也有从已出版的北京历史文化读物中优选改编和针对一些重要内容弥补缺失而专门组织的创作。作品的作者大多是在北京志书编纂中捉刀实干的骨干人物和在北京史志领域著述颇丰的知名专家。尹钧科、谭烈飞、吴文涛、张宝章、郗志群、姚安、马建农、王之鸿等，都有作品奉献。从这个意义上说，这套丛书中，不少作品也可称"大家小书"。

总之，擦亮北京"金名片"，就是使蕴藏于文明古都丰富多彩的优秀历史文化活起来，充满时代精神和首都特色的社会主义创新文化强起来，进一步展现其真善美，释放其精气神，提高其含金量。

2017 年 11 月

目录

CONTENTS

引 言 / 1

郭守敬丰碑永记 / 3
忽必烈始建元大都 / 3
建都之后的"水"难题 / 5
郭守敬是"解题"人 / 7

心心系念白浮泉 / 12
白浮泉初探 / 12
铭刻在历史的记忆中 / 14
白浮泉的前世今生 / 15

说不尽的都龙王庙 / 18
草木葱茏攀龙山 / 18

都龙王庙看碑林 / 19

　　山泉之间暂徘徊 / 22

"西折而南"识水缘 / 25

　　"白浮瓮山"有古渠 / 25

　　"满井"与"温泉" / 27

　　画眉山与黑龙潭 / 30

青龙桥畔喜流连 / 34

　　"画里江南"青龙桥 / 34

　　令人向往的玉泉山 / 37

　　"青龙"东望无尽"园" / 40

"生命之水"昆明湖 / 46

　　西堤六桥无尽风光 / 46

　　东堤"牛郎"与西堤"织女" / 53

　　请稍留意"凤凰墩" / 58

海淀"腹地"叹今昔 / 62

　　行走昆玉河 / 62

　　万泉庄上觅"泉宗" / 66

　　四顾长春桥 / 69

风光最是数长河 / 77

　　万寿寺、广源闸与龙王庙 / 77

　　令人难忘的长河 / 81

　　从高梁桥到积水潭 / 88

什刹蜻蜓款款飞 / 93

这是一块神奇的土地 / 93

　　犹记当年水面宽 / 100

　　跟随翁同龢游什刹海 / 110

　　老舍笔下的什刹海 / 113

我家就在岸上住 / 117

　　纵跨"玉河"的"后门桥" / 117

　　后门桥河沿胡同 / 120

　　河沿胡同甲10号 / 121

　　河边野趣无极限 / 124

　　最是"静境"难忘怀 / 129

"压"与"不压"两座桥 / 132

　　重新露面的东不压桥 / 132

　　一直被"压"着的西压桥 / 134

　　"东不压桥""西压桥"桥名辨 / 135

玉水漾漾进皇城 / 139

　　皇城内的"东流" / 139

　　皇城内的"西流" / 145

从正义路到东便门 / 149

　　正义路上的玉河"三桥" / 149

　　玉河在内城与外城的环绕 / 153

　　东便门与大通桥 / 155

东便门处水东流 / 162

二闸曾是游赏地 / 165

历史上的记载 / 165

　　百来年前的杂录 / 172

　　今日"庆丰公园" / 178

从庆丰闸到平津闸 / 181

　　京通路上行 / 181

　　高碑店与平津闸 / 184

　　略说几句"孝悌园" / 187

八里桥，从朝阳进通州 / 190

　　"八里桥"处说地名 / 190

　　我站在八里桥的桥头上 / 193

　　历史，在脑海中闪回 / 195

通惠河，在通州流变 / 204

大光楼览胜怀古 / 207

　　观景胜处大光楼 / 207

　　"波分凤沼"连"太液" / 208

　　"柳荫龙舟"属皇家 / 209

　　从"二水汇流"到"五河交汇" / 210

　　"万舟骈集"期重现 / 211

京门第一驿——潞河驿 / 214

穿越回明清通州古城 / 217

　　名副其实的北方水城 / 217

　　商市与衙署 / 221

　　通州的"帝王缘" / 223

"一塔三庙"留遗珍 / 225
    标志性的燃灯塔 / 225
    幸存的"三教庙" / 227
"十八个半截胡同"与通州清真寺 / 229
天翻地覆的运河两岸 / 233
闻名遐迩的张家湾 / 236
    曾是漕运重镇 / 236
    曹雪芹墓葬刻石 / 240
    琉球国人墓地 / 241
    里二泗佑民观 / 242
    儒林村刘绍棠墓 / 245
延芳淀与漷县城 / 246

参考书目 / 249
    后   记 / 255

引 言

　　翻开目录,建议选择《我家就在岸上住》这一题开始您的阅读。

　　读过这一题之后,您就会知道:本书的作者之一,是一个年逾七旬的"老北京";而且,他自小就是在北京大运河的河边上长大的。

　　这样,这本书就有它的独特性,有它的亲切感,有它的吸引力。

　　北京大运河,是指元代郭守敬主持修浚的这条古河道:它起源于昌平区的白浮泉,西流而南折,流到了海淀区的昆明湖,留下了"白浮瓮山渠";从昆明湖往下,流过长春桥、紫竹院等地,流到了西城区的积水潭、什刹海;过万宁桥、东皇城根、正义路,直到内城东南角楼的大通桥,这是在东城区的地域内(从昆明湖到大通桥,这段河道可称为"玉河");从大通桥到八里桥,河道流经朝阳区;过八里桥以后进入通州区,一直流到张家湾河口(从大通桥往东,历史上称作"通惠河")。北京大运河,从北京城的西北到东南，像一条绿莹莹的带子，贯穿起昌平、海淀、西城、东城、朝阳、通州六个区，使整座城市灵动起来。

本书作者不是北京水系的研究专家——正因为此，他们不搞高头讲章，每每有平民视角；本书作者是多务北京历史文化的研究者——正因为此，他们力求使文章丰富厚重，可读性也较好。本书作者都是第一线的实务操作人员，埋头在日常头绪繁杂的工作之中，以完成组织交办的任务为己任，所以在本书的写作中还不能全神贯注，求得尽善尽美，也就是说，他们还有更高的自期，这只能有待于"下一次"了。

郭守敬丰碑永记

忽必烈始建元大都

《元史》卷一百一十九《木华黎附霸突鲁传》中有这样一段记载：

> 世祖在潜邸，从容语霸突鲁曰："今天下稍定，我欲劝主上驻跸回鹘，以休兵息民，何如？"
> 对曰："幽燕之地龙蟠虎踞，形势雄伟，南控江淮，北连朔漠。且天子必居中，以受四方朝觐。大王果欲经营天下。驻跸之所，非燕不可。"
> 世祖怃然曰："非卿言，我几失之！"

这是元世祖忽必烈与他的重臣霸突鲁议定国之大策的一段记录。是仍居旧都开平（今内蒙古正蓝旗多伦附近），还是将政治中心南移？国师木华黎有远见，他的孙子霸突鲁更是洞悉其事，作为忽必烈高层幕僚的代表，他们的主张是有说服力的，所以忽必烈很动情地感叹："不是你们的建议，我差点儿办错事了！"

后来的《长安客话》也有类似的内容：

元世祖尝问刘秉忠曰："今之定都，惟上都、大都耳，何处最佳？"

秉忠曰："上都，国祚近短，民风淳，大都，国祚长，民风淫。"

遂定都燕之计。

所以《元史》卷一百五十七《刘秉忠传》记述了当初的历史：

初，帝命秉忠相地于桓州东滦水北，建城郭于龙冈，三年而毕，名曰"开平"，继升为"上都"，而以燕为"中都"。四年，又命秉忠筑中都城，始建宗庙、宫室。八年，奏建国号曰"大元"，而以"中都"为"大都"。

《元史》卷一百一十九《霸突鲁传》书影

《元史》卷一百五十七《刘秉忠传》书影

上文中的"四年"即元世祖至元四年，公元1267年，是刘秉忠奉诏始建元大都的那一年。人们常常算"北京建都"多少年，如若从1267年这"始建"算起，到2017年北京2016年—2035年"新总规"发布，这可以说是750年。

建都之后的"水"难题

忽必烈在营建元大都的同时，派大军南下攻灭南宋，南宋小皇帝与皇太后被押解到大都城来。隋、唐时修的大运河，主要是把南方的物资完成向都城洛阳和长安的运送；现在不同了，它更重要的任务是实现向大都的运送。这样一来：

第一，元政府调整和疏浚了大运河北部这一段，使整个漕运水脉，能够比较通畅地把物资源源不断地送到大运河的北端通州。

第二，万千物资堆在通州，这不是目的，还要把它运到城里来。车载人扛，效率太低了！从通州到市中心，继续有一条水运线才好。

第三，从通州到市内，挖沟不难——安排人力去干就是；难的是得有合适的水来配合——也就是说要解决水源问题。

当此"节骨眼儿"上，伟大的水利专家郭守敬出来了。

郭守敬（1231—1316年），元顺德邢台人，字若思。祖父郭荣，通五经，精于算数、水利。郭守敬秉承祖父的智慧，天文、历数、仪象制度、水利之学，冠绝一时。先后为都水监、太史令。开大都运粮河，修授时历，功著万世。

郭守敬像

郭守敬此时指出：金代时所用的水源，是原来的莲花池水系。这一是方向偏西，不能径达大都腹地；二是更为要命的是水源不够丰沛。怎么办？寻找新的水源，向宫廷汇报新的方案。

郭守敬于是在大都西北郊区，开始了找啊找。

现成的水源也不难找到，这就是已被世人关注的玉泉山水系。郭守敬自信而乐观。《元朝名臣事略》卷九十二《太史郭公》中记，此时郭守敬就报出："权以玉泉水引入行舟，岁可省僦车钱六万缗"。什么是"僦车钱"？就是租用车马的钱。"缗"本指用来穿钱的绳子，后来用作古代对钱计量的一个单位，两千或四千钱（因时而异）穿成一串，可称一"缗"。省下车马费"六万缗"，这是一笔巨资！不能不打动人心。

但事情没那么简单：玉泉山的水，好是好，但一算它的水量，还是不够！而且，玉泉山的水，主要是要输抵皇宫，供内廷使用的！

郭守敬于是又投入了找啊找。

这一次他扩大了地域，走得更远，看得更多，跋山涉水，疲累兼程……

郭守敬是"解题"人

苍天不负苦心人!

在北距玉泉山四五十里远的昌平州的东南,有一座孤山,山虽不高,但名称有好几个:龙山、神山、龙泉山、凤凰山、白浮山、神岭山;《明一统志》上则记:"考神岭山,即神山也。"在这座山的东北麓,有一眼泉,郭守敬时称它为"神山泉"——后来多叫"白浮泉",郭守敬千寻万觅的泉就是它!

水源在白浮泉,用水处在元大都城,简单的想法就是引水向南,直接输到城中就可以了。但实际操作上不能!为什么?我们在地图上可以清楚地看到:从白浮泉南下,朝着京城的方向,第一道有个沙河,第二道有个清河,河道所在,属于较低洼的地区;倘若引白浮泉水南流,路过这些低洼地区,水无疑就会"漫散"开了,还怎能向地势更高的城内流?

七百年前,郭守敬具有当时世界领先的——今人看来甚至有些不可思议的高科技水平(这里边有"海拔度"的理念,现代测量数据告诉我们:白浮泉海拔55米,瓮山泊海拔40米),他提出了一个办法:先把水向西引,循着西山山麓,顺着平缓的坡降,绕行约六十里,流到京城西北,又汇集了西山诸多泉水,使水沿着新筑的"白浮堰"驯顺而下,先"囤"在"瓮山泊"之中,再向南引水入城……

《元史》卷六十四《河渠志》中记白浮泉:

《元史》书衣　　　　　《元史》卷六十四《河渠志》书影

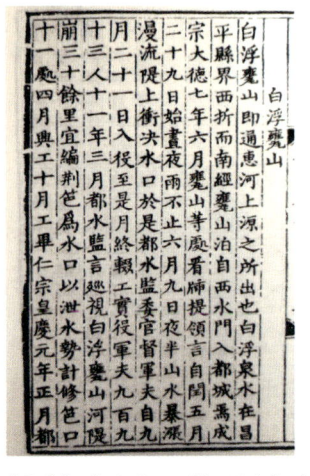

白浮瓮山，即通惠河上源之所出也。白浮泉水在昌平县界，西折而南，经瓮山泊，自西水门入都城焉。

同一卷中对通惠河的记载是：

世祖至元二十八年，都水监郭守敬奉诏兴举水利，因建言："疏凿通州至大都河，改引浑水溉田，于旧闸河踪迹导清水，上自昌平县白浮村引神山泉，西折而南转，过双塔、榆河、一亩、玉泉诸水，至西水门入都城，南汇为积水潭，东南出文明门，东至通州高丽庄入白河。总长一百六十四里一百四步。塞清水口一十二处，共长三百一十步。坝闸一十处，共二十座，节水以通漕运，诚为便益。"从之。首事于至元二十九年之春，告成于三十年之秋，赐名曰"通惠"。

这是关于白浮泉与通惠河非常经典的记录。作为水利总管的"都水监",郭守敬向谁"建言"？元世祖忽必烈。听郭守敬一大篇话阐明了他的"建言"之后,是谁"从之",即"批准了"？还是忽必烈。"首事"（动工）"于至元二十九年之春",即1292年春,"告成"（竣工）"于三十年之秋",即1293年秋,一年半的施工,大功告成！

倘若翻开《元史》卷一百六十四《郭守敬传》,关于这一成功有如下记载：

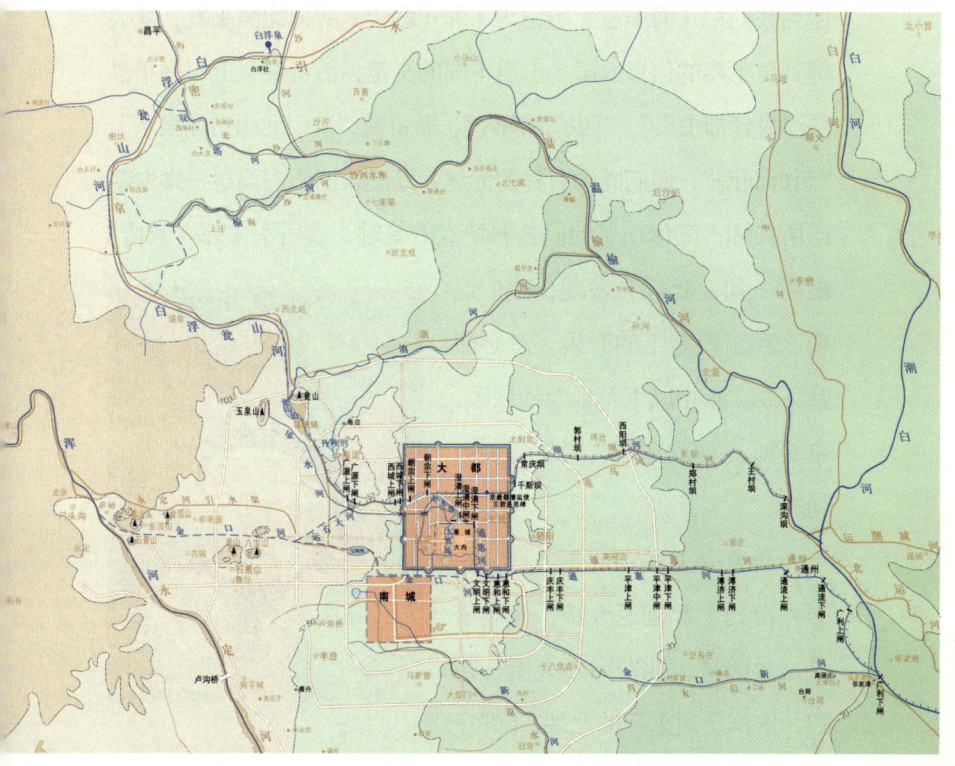

元大都周边河湖水系示意图

> 大都运粮河,不用一亩泉旧原,别引北山白浮泉水,西折而南,经瓮山泊,自西水门入城,环汇于积水潭,复东折而南,出南水门,合入旧运粮河……帝览奏,喜曰:"当速行之!"于是复置都水监,俾守敬领之。帝命丞相以下皆亲操畚锸倡工,待守敬指授而后行事。

《元史》中《河渠志》与人物列传的撰写者,基本上可以说不是一人——《元史》总计二百一十卷,参加编纂者二十多人;但当我们把《河渠志》所记与《郭守敬传》所记比照来看,就会得到更丰富的信息。虽是出自不同的文笔,前者说"上自昌平县白浮村到神山泉","西折而南转",后者说"别引北山白浮泉水","西折而南",他们同中有异的记述,既反映出引白浮泉一举为朝臣所共知,又体现了他们各有特点的笔触。读所引《郭守敬传》最后一句,我们会发现,哈!这项水利工程施工的时候,忽必烈就下令"丞相以下"都要抄铁锹、拿簸箕,"高级干部"带头参加劳动的。

通惠河工程告成不多日,忽必烈自元上都回返大都,他应该是走过鼓楼、地安门外大街一带吧,这属于通惠河的北端,《郭守

忽必烈像

敬传》中说：

> 三十年，帝还自上都，过积水潭，见舳舻蔽水，大悦，名曰"通惠河"，赐郭守敬钞万二千五百贯……

"舳舻蔽水"是《元史》作者给我们留下的一个美妙的词，接触北京通惠河这一概念的读者，都会遇见它。"舳"指船之尾，"舻"指船之头。大船、小船首尾相连，连其下的漫漫碧水都被遮蔽了——这是何等热闹，何等繁华，何等富丽！

应该向大家交代的是：忽必烈视察通惠河北端的次年，元世祖至元三十一年，即1294年，他就逝世了。一代英主，元大都的缔造者，忽必烈享年七十九岁。也应该说明的是：郭守敬逝于元仁宗延祐三年，即1316年，享年八十六岁。

心心系念白浮泉

白浮泉初探

昌平区在老城的东部,开发了"昌平新城";地铁昌平线上有个"南邵站",南邵西边二里地,有个村庄名叫化庄;著名的"京密引水渠",从化庄的南边绵绵不绝地缓缓流过。白浮泉就坐落于化庄村偏东的龙山山麓。

从京密引水渠望龙山,一片葱葱茏茏。从山前的坡路攀上去,路侧太湖石上的"龙山"二字引人注目。继续前行,树荫浓郁,窄路盘曲,很快就可以听见"哗哗"的流水声,白浮泉就在眼前了。

从京密引水渠望龙山

迎面山脚下是一座素朴的敞亭，檐下有"白浮之泉"四字匾，亭子面阔三间，进深一间，亭柱红漆斑驳，屋顶衰草蓬蓬，稳坐于汉白玉栏杆环绕的一方石台上。石台南侧，是一随形的水池。临水池的立面有九个石雕的龙首，龙口自然张开，各有清水汩汩而出，"哗哗"作响。

山麓的太湖石上镌有"龙山"字样

敞亭中间横立着一方石碑，上镌"白浮泉遗址"五个金字，其背后是侯仁之先生撰文、刘炳森先生书丹的《白浮泉遗址整修记》。

今天我们到白浮泉，看到的就是这样一个景观；但当初，20

敞亭

白浮泉遗址石碑　　　　　　　白浮泉遗址整修记碑文

世纪80年代末90年代初,敞亭未建、方碑未立之时,是个什么面貌呢?通过一幅模糊的老照片可以供我们追寻旧貌。在荒废的旧基上建敞亭,立丰碑,"辉煌"是"辉煌"了,只是给世人改变了原来的模样。

铭刻在历史的记忆中

郭守敬开发白浮泉,是1291年。白浮亭遗址的复建,是20世纪80年代。这中间相隔了近七百年。那么,历史上是怎样记载白浮泉的呢?

辑录了元末人著述的《析津志辑佚》,其《河闸桥梁》一节,开首便说:

京闸坝之源,来自昌平白浮村,开导神仙泉……

之后明隆庆元年(1567年)的《昌平州志》,清康熙十二年

（1673年）的《昌平州志》，都对白浮泉有所记载。比如隆庆《昌平州志》曾列出"燕平八景"，为"松盖长青""天峰拔萃""石洞仙踪""银山铁壁""虎峪辉金""龙泉喷玉""安济春流""居庸霁雪"，其中的"龙泉喷玉"即是白浮泉一景。乾隆五十二年（1788年）的《日下旧闻考》中说：

> 龙泉山在州东南五里，山顶有都龙王祠。山半一洞，尝有人附石而下，初狭渐广，行里许，水声砰訇，不敢前。洞北麓有潭，深不可测。潭东有泉出乱石间，清湛可濯，为州人游观佳境。

《日下旧闻考》书影

这就很有意思了！"山半一洞"，洞中"水声砰訇"，那水声应该是与白浮泉有关系的。这样神奇的地方到底有没有？若有的话是怎么一回事，在当代科技的条件下，值得探究。

白浮泉的前世今生

明永乐皇帝定都北京，改白浮泉北二十里的黄土山为"天寿山"，于此建皇陵，大兴土木。堪舆人士并不主张陵区前部有水流日日夜夜逐西，认为水向西流乃逆流，是"风水"上的忌讳，于是白浮泉水流被看轻甚至遭到鄙夷了。

　　白浮泉流入北京城的水,到永乐年间,因为将城墙由今长安街一线南移至今前三门一线,所以原来通航的河道被断开了;更到宣德年间,皇城东墙外移,将原来通航的一段河道干脆圈进了皇城以内,这样它通航的功能就被取消了。及至民国年间与20世纪50年代,原东皇城侧的河道先后被埋入地下,成了"盖板河",这样通惠河就越来越淡出人们的视线了。

　　1958年,修建十三陵水库,对地下水的流动也会有影响。

　　总之,高岸为谷,深谷为陵,无情岁月的流逝,造成了白浮泉干涸的结果。

　　2014年,昌平区启动了"昌平新城"的建设,这"新城"在老城区的东部。其中令人惊艳的一笔,就是"昌平新城滨河森林公园"。这公园北从十三陵的溢洪口起,南至南、北沙河汇合口,总面积776公顷,其中水面面积329公顷,占40%以上。整个"公

昌平新城滨河森林公园

园"划分三个区块：从十三陵水库溢洪口，至京密引水渠，这算是"北区"；从京密引水渠至北沙河，是"中区"；南、北沙河连同沙河水库，是"南区"。白浮泉，可称得上是"北区"之中的一颗星星！昌平区，也正凭依着这"新城"的打造，形成了山林环抱、水系相连这样一个波漾绿林的宝地。

　　白浮泉的"九龙"又"吐水"了。不错。我们看得见形，听得见声。但也要实事求是地说，这"吐水"，不是像历史上那样从地底下"喷涌"出来的水；这是用电机把水抽到高处，复又"灌注"下来形成的"吐水"。几百年来地下、地上的变迁，自然的和人为的千头万绪的因素，致使白浮泉干涸了，它又不可能轻而易举地"重回历史"。我们做过不少"人定胜天"的梦，

白浮泉"九龙"吐水

但最终要依从事物的客观规律。人工"吐水"为我们再现了曾经有过的景象，它教育和激励我们，敬畏大自然，珍爱大自然，承继已然之境，开创更美好的未来！

说不尽的都龙王庙

草木葱茏攀龙山

白浮泉就是倚着龙山而建。白浮泉之侧,有步道逶迤,缓步可达山顶。山不算高,百八十米以内;路不算远,一二百步可达。孤山四面,草木葱茏;步道两旁,绿荫掩映。山顶中心,兀立一庙,红墙、影壁,在绿色蓊郁的山色中十分醒目,整个庙宇向四周和空中喷射着一股热力。

庙门内是一个方方正正的院落。左右钟鼓楼,大殿居中,檐下悬"都龙王祠"匾,抱柱楹联:"九江八河天水总汇,五湖四海饮水思源。"(原谅我插入一句:这联语委实不工!)大殿内人面龙王正中端坐。

殿外院中的东北隅,或高或矮,或宽或窄,或驳斑残坏或新色犹存的七八座石碑,错落在浅草幼树间,足令人徘徊不去。

正殿的后方,垒砌一堵筑墙,其上镶嵌一方刻石匾

都龙王庙

说不尽的都龙王庙 / 19

都龙王祠

额，匾额纵约 20 厘米，横约 80 厘米，其上阴刻行楷"龙泉岛"三字。上缘有"道光十七年二月吉日立"，下缘有"信士弟子司政平修造"，记录着这是"道光十七年"即 1837 年信士弟子敬献的。"龙泉岛"，"龙"可解为"龙王庙"，"泉"可解为"白浮泉"，"岛"，则是当年这山与泉之间或还有一什么立于水域的建筑，遂以"岛"称之。沿着这方石匾提供的信息，我们当然应该继续求索。

龙泉岛石刻匾额

都龙王庙看碑林

龙王庙，这是一个称呼，祭祀龙王之所在，各地数不尽的龙王庙。

都龙王庙，又是一个称呼。

加了一个"都"字，有什么区别吗？

这里的"都"字，是"集中""总领""概括"的意思。

"都龙王庙"，是一般龙王庙的上级，龙王庙的总管。

龙王庙是"董事"，都龙王庙是"董事长"。

我们眼前这座都龙王庙，历史可久远了，可以说它是伴着白浮泉而生的。

怎敢这样说呢？

有碑为证！

请看庙院东北隅那小"碑林"——

明"弘治八年岁次乙卯冬十月"的《重修都龙王庙碑》，碑文上有"昌平东南五里许，白浮村北凤凰山上有都龙王庙，乃前朝所敕"的字句，"弘治八年"即1495年，它记载了都龙王庙是"前

都龙王庙内的断碑陈列

朝"即元代所建的历史。说都龙王庙是伴着白浮泉而生,这不就是见证吗?

清"康熙五十二年癸巳夏闰五月"的《重修昌平州龙王神祠碑》,上恭录:这一年,即1713年,是"我皇上(康熙)万寿六旬大庆",又欣逢"甘霖大沛,自春迄夏,滂沱霡霂",即好雨知时节,该大则大,该小则小,带来一个好年景!于是昌平州重修了庙殿,并且因"此山路径旧竣以狭,祷者怕难陟,今阔之而宽",为上香人众做了善事。

清"乾隆十七年次壬申清和月"的《都龙王庙置田碑》,这是1787年,碑额上篆书"流芳百世"四字,碑文中描述"去城五里许有山,蔚然深秀,山下有泉",说靠了这庙的佑助,"远近村垆有祷,常获甘霖之沛",所以地面上又捐款增置了僧舍庙田以示感念。碑文中还记录了每逢"六月十三日"即传说中的"龙王爷生日"这一天,也是盛暑已至、丰收可期之时,民众要"报赛尊神,演剧三朝,结社鸠资,香火繁盛"。这是京北民俗活动的一个珍贵文献。

《光绪昌平州志》于《皇德记》一卷中记了这样一件事:清光绪四年,也即"光绪己卯年",公元1879年,地面上"自春徂夏,天久不雨,谷生黏虫"……万分焦急之际,"官绅及远近绅民"在都龙王庙虔诚祈祷,"旬日间甘霖大霈,谷之被虫蚀损者,得雨复生","早晚秋禾,皆得及时补种",知州吴履福把这一喜讯报大臣李鸿章,李鸿章上奏光绪:"查昌平州属凤凰山都龙王庙,灵应素昭……御灾捍患,功德及民……吁请……颁发匾额一方"

光绪帝也很认真，恭书"祥徵时若"四字制匾，赐予都龙王庙。

与上面题匾这件事相印证的，是清"光绪己卯年九月"的《重修凤凰山山顶龙王庙碑》，这是1879年，碑文记那一年"旱灾遍重，饥馑渐臻，民几相食"，严重的大旱灾年。当地主管官员听说来都龙王庙求雨灵验，便"率众来祈……请焚香即雨，不三日而大霖"！是解百姓于倒悬。这次"光绪己卯"（1879年）距离上一碑"乾隆""壬申"（1787年），不过九十二年，但碑文上叙说此时该庙已是"垣颓脊折"，"不堪式凭"，于是官民又进行了"重修"。

都龙王庙的小"碑林"，足够你盘桓上好一阵。白云悠悠，鸟鸣啾啾。寂寥山院，人迹罕至。我面对着一座座石碣，在漫漶的字迹中辨识，寻找着历史的遗绪。几百年来我们的祖先们赞颂着都龙王庙的"神灵"，这从另一个侧面反映出恶劣气候的频现，以及世人在天灾面前的无奈。碑碣上缈无声阒的文字，恍惚间仿若从石面上源源不息地流了出来——给它们作伴奏的，就是不远处泠泠而响的山泉。夕阳在山，树影迷乱，暮霭从山下、水边升起，我不能不再三回首，与这几方碑告辞了。

山泉之间暂徘徊

2010年春，我曾来过一次白浮泉与都龙王庙。那时候，这一地区累年来采取沙石留下的沙坑一片连着一片，显得格外荒率潦倒；昌平区政府当时亮出了计划建"白浮泉湿地公园"的方案，

已修复的都龙王庙庙门

前景令人期待。此番再来，白浮泉与都龙王庙已镶入其"昌平新城滨河森林公园"的大盘之中了，确是高手一笔，值得称羡。

2010年春，都龙王庙尚未修缮，我记得清楚，残破的庙门上，斑驳的红墙上，有不少处用利器割划下的笔道，英文的，法文的，俄文的……尽管风剥雨蚀，那些刻划仍是残迹依然。

这是什么遗存？

很有可能的一个推断是：1900年夏，八国联军攻入北京，匪徒们在颐和园、圆明园等处大肆劫掠，魔爪直伸到京北的昌平境内，这该是侵略者们留下的记录！是他们罪恶的名字？是他们类似"到此一游"的题记？只可惜，当时匆匆一过之间，未及留下影像的记录。

当然也有别的可能，是此后的外来旅游者，曾经"胡写乱画"过。

我不知道近十年来都龙王庙再行修建之际，是否把门前、墙上的这些遗存，曾经拍摄留下；倘有心人真的做过这件事，那么这些资料很值得研究一番呢。

2018年5月中旬，我在读这本书的一校样，《北京青年报》的文化记者王勉，发我几张他们在都龙王庙留下的照片，其中一张是：庙墙砌砖的侧面，深深刻下了——"We Loen Lee 1935(?) Jun"，谁家的"李维伦"，1935(?)年6月，记下了"到此一游"。中国的、外国的旅游者，到了一个新的景点，都容易犯"手痒痒"，或许是"通病"……

都龙王庙砖墙上的刻字

"西折而南"识水缘

"白浮瓮山"有古渠

前边我们引《元史·河渠志》,说白浮泉水"西折而南转",《元史·郭守敬传》,说白浮泉水"西折而南"……让我们尝试着"穿越"一下,回到七百年前的郭守敬时代,同他一道,从白浮泉起步,"西折而南"一段吧。

今天由白浮泉走下,靠南不远处就是大名鼎鼎的"京密引水渠"(这是历史上后来的工程),沿京密引水渠向西行,有横跨"京藏高速"(原称"八达岭高速")的"白浮桥"。过了白浮桥,引水渠沿地势、沿水道,走了一个自然、优美的弧线。今日依着引水渠岸畔的公路车行,道路平坦,绿荫覆地,可随时欣赏水道旖旎,倒是个不错的选择;可遥想七百年前,水流尚且万难,谈何伴水大路,郭守敬他们巡检一次引水工程,可真是极为不易了!这不由引人心生今古之异的浩叹!

沿着绿水画成的弧线一路走下,不住地查地图,看路牌,问故老,翻古籍……白浮泉一水流来,古地今称,旧痕新貌,依稀可以得到大略踪迹:

《元一统志》中有"虎眼泉,源出昌平县西北城下(平川),

至丰善村入榆河合流"句,昌平"西北城下"今有"旧县",旁侧"虎峪沟",应与"虎眼泉"有缘。

《长安客话》中有"一亩泉在州(昌平)治西南十五里新屯,广约一亩,东流与高粱河合"句,昌平"西南十五里"今有"双塔村",这可能即"一亩泉"之所在。

《昌平州志》中有"在州治西南二十里,泉似马眼,故名"句,"马眼泉"就在这里,它离一亩泉约五里,汇入一亩泉后同进双塔河。上段"一亩泉",本段"马眼泉",当年这是泉水密集的地段。

《析津志》中有"沙涧泉,出县(昌平)常乐社,即榆河之上流也"句,今沙河镇还是有沙涧村、常乐村等地,可知这也是当年泉涌之地。

《帝京景物略》中有"画眉山……山北十里平畴良苗,温泉出焉,泉如汤未沸"句,画眉山西北今有温泉村,"泉如汤未沸"恰恰就是"温泉"呀。

《析津志》中有"冷泉,源出青龙桥社金山口……与玉泉合流,下流为清河"句,这就是位于温泉村东南不远的冷泉,《日下旧闻考》说这一带是泉流"随地涌现,不可枚举也"。

《析津志》中有"玉泉,源出青龙桥玉泉山,与冷泉合,下流为清河"句,玉泉及其所在的玉泉山,已离

《析津志辑佚》书影

我们一路走来的目标——瓮山泊（昆明湖）很近了。

这里必须提到的是：首先，从白浮泉至瓮山泊，元代时候，是有自己的名字的，叫"白浮瓮山河"，这应该说是元代北京大运河北部的第一段。其次，京密引水渠是中华人民共和国成立以后20世纪60年代的工程，是为了解决首都供水的一项浩大工程，从白浮泉到瓮山泊这一段，它大体上沿用了历史上的"白浮瓮山河"的旧道。当然是有所疏浚与增建了。

"满井"与"温泉"

在"西折而南"的路上，今昌平区与海淀区在昌平阳坊镇的西贯市村、东贯市村，海淀苏家坨镇的前沙涧村、后沙涧村交界。

光绪《昌平州志》有记：

> 满井在前沙涧村中，沿街东流，入南河。又东南径长乐村北，右合埠头水。

文中所说的"埠头"是邻近的"西埠头村"，那里有一道水渠与满井水相合。

这是北京的又一处"满井"。北京的"满井"有多处，我们在后文或许还会谈到，但这是被众所遗忘的一处。我这次在前沙涧村一带寻觅，当然没有了满井的旧迹，但村里一位八十岁刘老翁说：四五十年前，他一家爷爷奶奶、爸爸妈妈，以及村民们，"都是喝这口井的","水咕嘟咕嘟地冒","后来水慢慢地小了",近二十年水井被封上了……刘老翁说他前几年还看到原井口处"地皮儿上透着水湿"!

这是值得我们记忆的一处"满井"。

沿着京密引水渠南行,离开了苏家坨镇,进入了温泉镇。

温泉镇的西北部,有太舟坞村。"坞"是船坞,也就是说这里曾有停泊船只的码头。传说元太子在这里乘舟,可去瓮山泊。

温泉村居于镇中心,金代时曾名"石窝村"。《日下旧闻考》中说"石窝村一带,灵渊神濆随在涌现,不可枚举也"。《帝京景物略》描述温泉:

山北十里,平畴良苗,温泉出焉。泉如汤未至沸时,甃而为池,以待浴者。泉虽温平,其出,能藻,能虫鱼,禾黍早成,早于他之秋再旬。林后涧,草色久驻,晚于他之秋再旬。资泉之民,无苦疡甓。

《帝京景物略》书影

这里所说的"泉如汤未至沸时",为我们说明了泉水的温度;人们"甃"(即砌)出池子来,直接的功用就是洗浴;而流出的泉水呢,生长藻类,生长虫鱼;又因为地温、水温都较其他地块高,所以庄稼能早熟半个月,草木能晚凋半个月……

20世纪20年代，国民党要人、北京大学教授李石曾在这里开办了"天然疗养院"，名震遐迩。30年代，冯玉祥在村东的显龙山修建"辛亥滦州革命先烈纪念园"，供人凭吊。1941年至1942年，日本侵略者在温泉村建"胄乃城"，作为镇压抗日力量的据点，屠杀中国人，留下有"万人坑"。1949年以后改"天然疗养院"为胸科医院，2003年抗击"非典"这里是一个重要战场。

辛亥滦州革命烈士纪念碑

今天在温泉村里走，虽然泉水已不存了，但村中的老人仍会

辛亥滦州革命烈士纪念园内冯玉祥的题字

以"我们这儿花儿开得早,树叶落得晚"而自诩!温泉村所产藕,体大而嫩,而且出藕期较别处为早,至今也为村中一特产。

画眉山与黑龙潭

温泉镇的东南方,有一座小山称画眉山,《帝京景物略》上说:

> 西堂村而北,曰画眉山。产石,墨色,浮质而腻理,入金宫为眉石,亦曰黛石也。

"浮质"是说它表面柔软,类似滑石;"腻理"是说它质地细腻,富含油性。古代送它进宫来画眉,很有意思!毕竟那时的制造工艺与消费水平还很低。

画眉山之麓有冷泉,《天府广记》记载它"双瀑高悬,自山巅而落",很有气势,说明水量相当充沛。其实它离温泉并不远,地下的水流或"温"或"冷",是复杂的地质结构形成的。只可惜随着自然环境的变化和人类行为的影响,不管是"温"是"冷",今日只留其名而不得见其形了。旧时人们到妙峰山进香,一条道是经由红山口过冷泉逶迤而上,所以冷泉一线多设茶棚,清代建的福泉寺当年就是有名的一处大茶棚,今天犹可见福泉寺的残迹。

凭借着冷泉这一资源,山下建有黑龙潭。从京密引水渠往西走过一条公路,抬首可见黑龙潭的山门。这座庙建于明成化二十二年(1486年),曾立宪宗御制碑。重修于明万历十四年

黑龙潭龙王庙旧影

（1586年），又有神宗御制碑。清康熙二十年（1681年），雍正三年（1725年），乾隆三年（1738年），都对庙宇进行过修葺。明帝时百年一修，到清帝时重修愈频，说明黑龙潭更加引起了帝王的重视，比如乾隆就敕封黑龙潭的龙王为"昭灵沛泽龙王之神"。黑龙潭的主体当然是一方龙潭。史载它广约十亩，深可数尺，水清冽，稍带褐色。水足时，它哗哗作响；即使遇旱，附近水源涸少，它也潺湲有声。环绕龙潭有一个半圆形游廊，廊宽三尺，计三十多间，廊壁装嵌典雅。古老的神话说：明代天启年间，曾于皇城御马监小河中见金碧色的小龙鱼，于是被装在红锦包护的瓷瓮中，一直奉送到黑龙潭。北京民间传说中有一个关涉黑龙潭的故事，那里边说龙潭里游一种金翠光华的小鱼，这就把神话与传说链接上了。

黑龙潭外建有供帝王休憩的行宫，多位皇帝都曾亲临黑龙潭祈雨，据说每每灵验。地方官员及当地百姓来祈雨，更是司空见惯；每次祈雨仪式盛隆，民众的小车会、高跷会和戏曲演出，往往同时伴行。

明神宗万历在《龙王庙碑》上记载：

万历十有三年，春夏不雨，麦稼焦枯。以五月往祷于庙，浃旬之间，嘉澍屡霈，郊野沾足，三农忭舞……

万历十三年是公元1586年，春天旱得"麦稼焦枯"，于是皇上往黑龙潭祈雨，结果连续十来天好雨不断，田野庄稼喝了个够！神宗不由得欢呼："眉山之下，龙王之宇"，"为雷为霆，为云为雨"，"我求伊何？黍稷稻粱"！

清宣宗道光，登基之前奉他老子嘉庆皇帝之命，曾往黑龙潭祈雨，留下一首七律，题为《三月二十七日奉命诣黑龙潭祈雨恭记》：

不到神潭又隔年，瓣香衔命晓行虔。
古藤盘曲花初放，野竹欹斜笋乍穿。
文石为山环碧沼，灵泉作雨洒芳田。
殷勤默祷施奇贶，滋渥同沾庆大千。

《立坛祈雨图》

这首七律的中间二联,对黑龙潭的环境描述,也可称是概括而形象。

到黑龙潭祈雨,等级是很高的。著名文史专家、戏曲艺术家齐如山(1877—1962年)曾这样说过:北京皇城内,有"风""云""雷""雨"四座庙;风曰"宣仁",云曰"凝和",雷曰"昭显",雨曰"时应",都是求雨用的。天初旱,皇帝派亲贵往;倘无应,再派亲王往;再无应,就该转至大高玄殿去求;还无应,皇帝就要亲至黑龙潭祈雨了……

到黑龙潭祈雨的习俗,至少到民国时期还有记录。曾任京师警察厅总监、北京古物陈列所所长等职的周肇祥(1880—1954年)在卧佛寺建有"周家花园"(樱桃沟),所以往来京城西北园林较多,从他记录自己日常活动的《琉璃厂杂记》中我们可知,1921年春及冬,他两次到黑龙潭,都写下"赛文"(祭祀神灵的文章),春天他是祈雨,冬日他是报恩:春时"狂飚沙飞,大田龟裂";周氏祈雨后,"始霢霂以酥融,继霎霎而霈渥","群萌因而起枯,秋谷赖以得播"(这里"霢""霂""霎""霈"可谓"雨字头"的一次"聚会"了);所以他备好供品,感谢龙神!

周肇祥著《琉璃厂杂记》书影

青龙桥畔喜流连

"画里江南"青龙桥

白浮瓮山渠的水,自温泉、黑龙潭一带流过,东拐,然后接着向南,流经望儿山(今百望山)、黑山扈等地之后,就逼近了著名的青龙桥地区。青龙桥,北处瓮山泊(今昆明湖)的上口;西边近邻玉泉山,稍远是樱桃沟、卧佛寺、香山、碧云寺;东边则是圆明园景区、清华大学校区。昆明湖而下,当年水波涟涟的湖淀地区,如今是北京大学、海淀镇、中关村、万泉、万柳、巴沟等一连串闪光的区域。

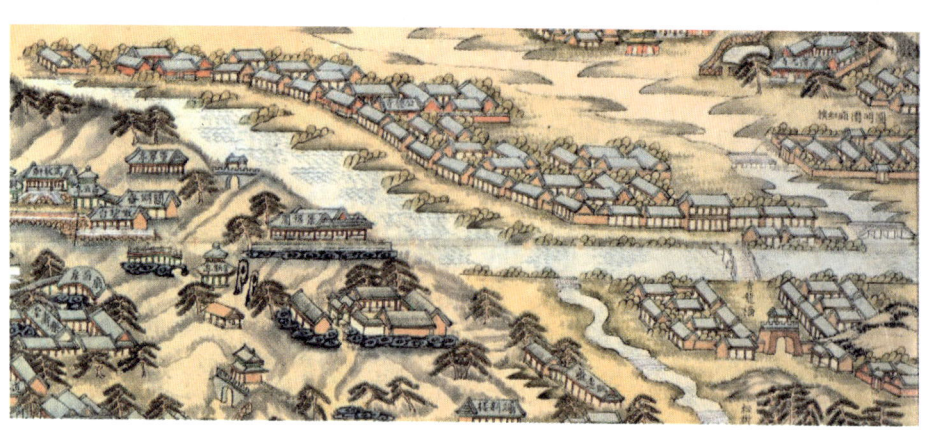

清代画:青龙桥一带的水道

想到青龙桥，一个熟悉的题目跃入脑海——《到青龙桥去》，学生时代，读冰心的散文，这个题目竟牢牢地存入记忆。大概冰心写这篇文时才二十岁出头的样子，少时的我就曾反复想过：怎样才能早早地写出"成名"的文章来呢——后来的年月曾经批判过"名利思想"，所以这一念头反倒记忆深深。几十年来无数次过青龙桥，每一过，心头总是涌着些许亲切（至少不陌生）的感觉。

手边正在翻看《日下旧闻考》，当然珍重这次要寻究一下青龙桥的机会，《卷一百，郊坰·西十》记得清楚：

瓮山北五里为青龙桥，元时白浮堰之上游也。其西，通金山口；其北，斜界百望山。

奉敕编书的于敏中等臣子在此加了个按语：青龙桥这所汇之水，由白浮瓮山渠来，由西部香山、碧云、玉泉来，至此一分为二：正流往东南，汇入昆明湖之中，属"南水道"；旁流经青龙桥往北，流向圆明园，属"北水道"，流为"肖家河"，东经圆明园之后，再东流即为"清河"。这是"因势利导"形成的。明代书中说此处水都向东南流，"乃不谙地形之说"。

这是很重要的记载。往来过青龙桥，只知道它的水流注入昆明湖，不知道圆明园一区珍贵的水源，也是自青龙桥输来。

《日下旧闻考》录乾隆七年《御制青龙桥晓行诗》七律二首，其一为：

屏山积翠水澄潭，飒沓衣襟爽气含。
夹岸垂杨看绿褪，映波晚蓼正红酣。
风来谷口溪鸣瑟，雨过河源天蔚蓝。
十里稻畦秋早熟，分明画里小江南。

乾隆此诗，倒是极写出青龙桥早秋风光之美！请留意，乾隆说"十里稻畦秋早熟"，无意中点出了历史上青龙桥、西苑、海淀一带的名产"京西稻"。不错，玉泉山、昆明湖往下，一大片倾斜的平原地带，是皇家水稻的种植基地——据说为促进这一产业的发展，乾隆还专门从江南金陵地区带回了稻种，所产稻米籽粒圆润透明，分外馨香，主要供宫廷食用。其中也有少部分，通

玉泉山下的京西稻（20世纪80年代初）

过自昆明湖流下的长河，主要用船舶运送到积水潭码头、鼓楼西大街市集，高价出售。当然是达官贵人、豪门大户来享用。也因此之故，"京西稻"的品牌，清乾隆以来名闻遐迩！

令人向往的玉泉山

青龙桥的西边，最惹人注目的是玉泉山静明园风景区。静明园是清代北京西郊著名的"三山五园"之一。园在玉泉山之阳，金章宗完颜璟此前在这一带建了行宫芙蓉殿，明昌年间评出的"燕京八景"之一即"玉泉垂虹"。元世祖忽必烈在山上建了昭化寺。明英宗朱祁镇又建了上下华严寺，寺旁有翠华洞、玉龙洞等泉眼。清康熙对这里更具青睐，他大事增建，初名为"澄心园"，后又改名为"静明园"。

乾隆则是景区的造极者。他品尝了玉泉之水，认为它是最适人的饮用水，远胜过他地名泉，所以赐名"天下第一泉"，把"玉泉垂虹"改为"玉泉趵突"。玉泉山中的泉，著名的例如：玉泉、涵漪斋泉、进珠泉、裂帛泉、试墨泉、宝珠泉、涌玉泉、静影涵虚泉，等等。他命名的园内胜景达十六处之多：廓然大公、芙蓉晴照、溪田课耕、采香云径、峡雪琴音、玉峰塔影、风篁清听、裂帛湖光，等等。静明园东门外码头河堤上设闸桥，桥东西各立一座石牌坊，东坊额题为"湖山罨画""云霞舒卷"，西坊额题为"烟柳春佳""兰渚频香"。

静明园的南山景区，玉泉泉眼之所在，立有两座石碑：一为乾隆御书"天下第一泉",一为重臣汪由敦书《玉泉山天下第一泉记》,泉北的龙王庙殿头匾额上书"水泽皇畿"四字,其前的"竹鑪山房"即乾隆的饮茶所之一。读到这里,读者自然会关心玉泉水的流量。这当然是可以理解的。我努力找到北京市水文地质工程地质公司1983年印制的《北京泉志》资料书,其上载记:1934年,玉泉山水群总流量约是每秒2万立方米(枯水季);1959年是每秒2.59万立方米(丰水季)。水量之大,让今天的我们不由心里一惊!

  静明园内的塔是不能不说的。南山景区的"华藏塔",为八面七层密檐式石塔,塔身遍刻释迦牟尼出家故事;又有"玉峰塔",为九层八方的琉璃砖塔,各层供奉铜制佛像。

  静明园的东山景区,有一片影镜湖,湖岸边有"延绿厅""分鉴曲""写琴廊""试墨泉"等临水建筑。山顶上妙高寺殿额书"江

玉泉山上的玉峰塔

静明园东山景区

天如是"四字,妙高塔屹立寺后。这座塔下部有约两米高的方形砖石基座,基座四面有砖雕护栏,台上是五座藏式佛塔——即通称为"金刚宝座塔"。北京的真觉寺、碧云寺、西黄寺等,都属于金刚宝座塔。这种塔象征意义丰富,又格外地坚如磐石。

近年来,玉泉山静明园景区已进行了修缮,它更成为令人心向往之的地方!

出静明园南门,乾隆年间曾建一座"高水湖",它再往下又有一座"养水湖"。它们可称是玉泉山至昆明湖之间的两块玉色琥珀。它们首先是积纳了玉泉所出之水,又有自家湖底也具泉眼,再有下雨山洪汇积,漾漾然也颇可观。乾隆在高水湖之中建有"影湖楼"一座,别具匠心,他的《影湖楼》诗前有小序,说明了其特点:

> 迩年开水田渐多，或虞水不足，故于玉泉山静明园外接拓一湖，俾蓄水上游，以资灌注。湖之中筑楼五楹，唯舟可通……

这影湖楼原来是湖中小岛，所以乾隆的诗中有"楼据湖心揽湖外，客唯舟往亦舟还"句，这也是别开生面。

高水湖与养水湖处青龙桥西部，是上游重要的水源之一。今天在遗址上踏访，虽然旧的湖光楼影已不可见，但当年往下排水的闸孔尚能觅得。

在上述的文字中，我有意不厌其烦地录列了乾隆皇帝给这一景区所赐取的一系列命名，如景点名、建筑名、匾额名，等等。其本意是想给读者们提供一个文化参照，看一看具有文化修养与优雅情怀的人士，是怎样为自己精心打造的成果——一处建筑物也好，一片景区也好，甚至一块匾额也在内……来敲定嘉名的！君不见，我们今天有诸多楼盘，不少景区，犹自在干涩地取名"富贵园""黄金屋""美丽坊"，或者"词穷"到"巴黎小镇""阿森纳森林""纽约大道"……我们今天的执业者，向历史、向古人、向书本多汲取些文化养分，提高自己的整体品位，看来是必要的。

"青龙"东望无尽"园"

我们以青龙桥为基点，盘桓久之；然后西望，我们写到了静明园玉泉山；向东望呢，稍近处是历史上有名的"自得园"，以及离它很近的"澄怀园",今北京大学地区的"蔚秀园""承泽园""宏雅园"等,再往东是说不完道不尽的圆明园,还有长春园、绮春园、近春园,等等。我们且挑拣一两处略说。

　　自得园不可不提。沿颐和园"虎皮墙"往东南行,与东宫门隔街相邻的一圈建筑大体上就是自得园区域。康熙皇帝十七子果亲王允礼,得他哥哥雍正所赐,雍正三年(1725年)立下这个园子。雍正为允礼御书"自得园""春和堂""静观楼""心旷神怡""逊志时敏"几块匾额,允礼曾有《恩赐御书匾额五幅恭记》记录此事。"春和堂"是园内主建筑。"静观楼"在园内湖中岛上。"心旷神怡"是岛上另一建筑。允礼居此,瓮山泊近在咫尺,其他湖面也任他荡桨,他曾写下不同凡俗的一组《渔歌互答》：

　　　　桃花暖浪三汊口,几个渔舟系垂柳。
　　　　沧浪客,烟波叟,欸乃一声处处有。

　　　　荷叶平铺裂帛湖,渔歌两两声相呼。
　　　　疑楚调,似吴歈,南汛一夜满平芜。

雍正御笔"自得园"

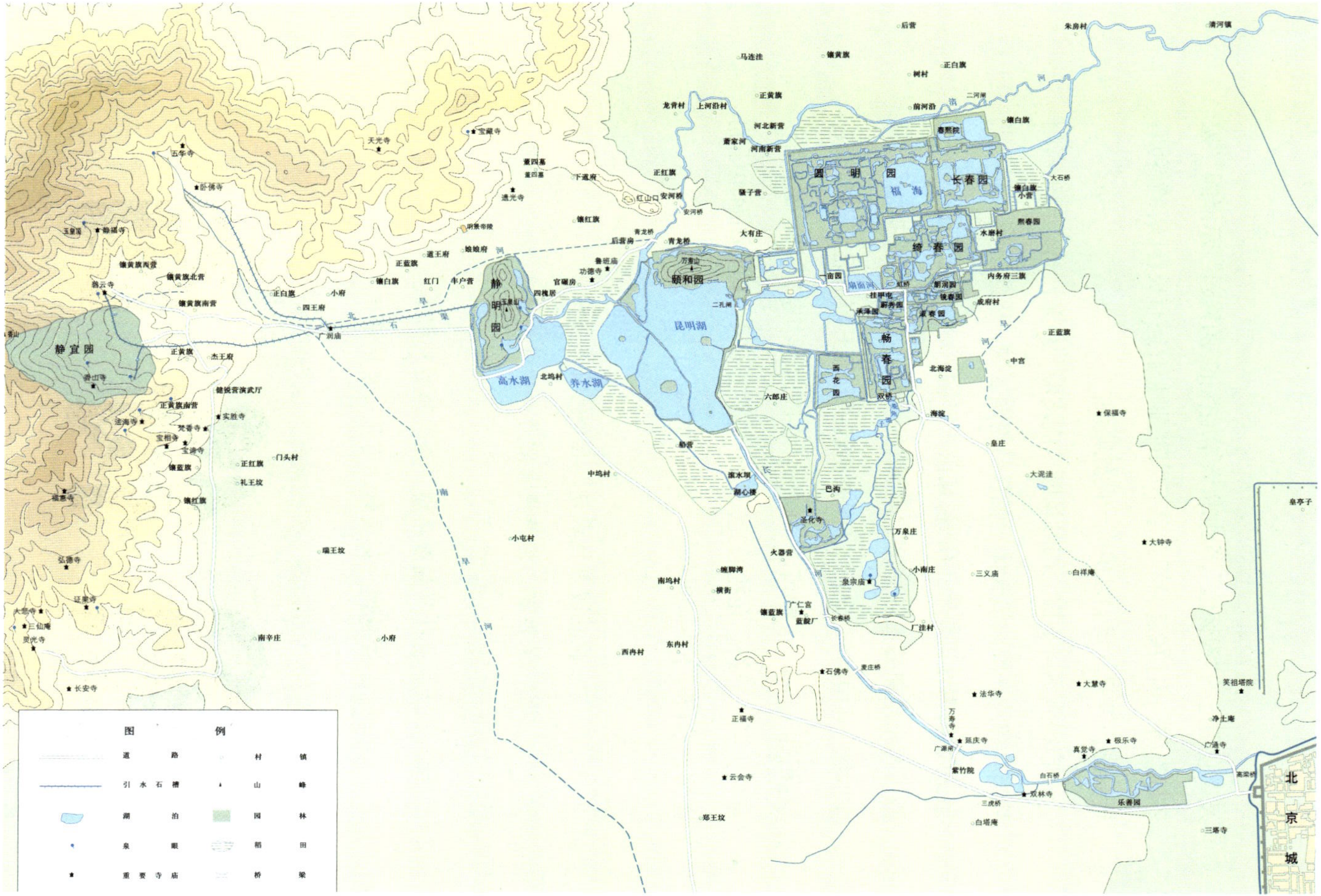

清代北京西北郊园林水系分布图

玉泉山上枫叶赤，玉泉山下芦花白。
网金鲤，钓银鲫，棹歌断续暮山碧。

青龙桥上雪漫漫，青龙桥下水团团。
吹短笛，收长竿，前船后船歌声寒。

在内容上，他这里描写的是春夏秋冬四季景；在语言上，他力求平实，把日常用的口语写入诗中（欸乃，指摇橹声；楚调、吴歈，都是指南方水乡的民歌；满平芜，是说平地上水满了）；在格律上，他采用《渔歌子》的长短句，吟诵起来自成抑扬顿挫之美……读允礼这组小诗，我们可以感到这位亲王的平易为人。一种说法是抗日战争时期，佟麟阁曾在自得园内建宅，后毁于日军战火。我们当然可以再追迹研究。

澄怀园、蔚秀园、承泽园、宏雅园、集贤院大略都应在今北京大学的区域内。澄怀园内有汉白玉桥建于水面上，名"影荷桥"，园中的胜景有"砚斋""药堤""书斋房""临河轩""乐泉西舫"等，这如前面所提静明园玉泉山景区一样，其命名的水平给今天以启迪。

宏雅园在侯仁之主编的《北京历史地图集》中有关北京西郊的名园图上未标出，但它就在圆明园之下是无疑义的：历史上著名的乾隆五十八年（1793 年）英政府马戛尔尼率团访华，六百多人的使团成员就住在宏雅园。乔治·马戛尔尼著、刘半农译的

乾隆皇帝在热河接见马戛尔尼英使团图绘

《乾隆英使觐见记》(1917年上海中华书局版),有这样的段落:

> 入园后每抵一处必换一番景色。园中花木池沼以至亭台楼榭,多至不可胜数,然点缀之得宜、构造之巧妙,观者几疑为鬼斧神工,非人力所能及。

> 此馆舍在一花园内,全园四周围以高墙,门口有军人守护。园内有一曲径循小溪通至一湖,湖中有一人工小岛,岛上在花木、奇石之间建有一楼,为避暑之用。

我们知道马戛尔尼使团的这次访问,双方有许多龃龉,我们且放下不说,但他们留下的、百年前出版的这一记录,今天也至为珍贵。

集贤院,在原海淀镇北部的老虎洞胡同、军机处胡同一带,有专家考证即为今北京大学"小南门"之所在。康熙驻跸畅春园时,许多翰林官散朝后所居即在集贤院。院内南北两区,河桥相隔,荷池竹丛,亭阁相连,园境格外幽雅。咸丰十年(1860年)

英法联军侵华,铁蹄践遍京东通惠河一线,在八里桥与清军激战。在"和议"过程中,农历八月初五,怡亲王载垣与清军统帅僧格林沁曾"智擒"联军首领巴夏礼等二三十人,就曾把他们关押在集贤院。载垣、僧格林沁端坐大堂,"敌酋"巴夏礼被绳缚跪前,掳去勋章,鞭笞其背。"审问"之中载垣怒起,用长杆铜热烟袋锅捣杵巴夏礼头。这样的"审问"当然没有结果,巴夏礼甚至用绝食来抗争。郭则沄主编的《知寒轩谈荟》(北京出版社 2015 年 12 月版)卷一有傅增湘据刑部尚书赵光年谱写的文章,记此事甚详。据赵光的叙述,农历八月十八日,将巴夏礼等人移至德胜门内积水潭南岸的"高庙"内安置。这个"高庙",大名是"普济寺",光绪二十七年(1901 年)继昌的《行素斋杂记》中说:"京师积水潭高庙,临湖开窗,垒石为径,花木明瑟,为城中遣暑胜地。相传为纳兰太傅明珠家庙。忆寺内藏有《太傅行乐图》予少时曾见之。"我们后面文章当涉及什刹海、积水潭时,应该会谈到"高庙";但又恐怕内容太多未能顾到,所以在此先提一下。关于巴夏礼在京师的遭际,值得专门做文章细述。

清政府官员和英法联军首领等谈判图绘

颐和园西堤

"生命之水"昆明湖

西堤六桥无尽风光

　　逛颐和园,最"经典"的路线是:进东宫门、走仁寿殿、玉澜堂、乐寿堂这些"宫廷区";然后沿长廊步至排云门下,上山,排云殿、佛香阁、智慧海,俯瞰昆明湖风光;再沿宝云阁(铜亭)、湖山真意、画中游、听鹂馆下山;至清宴舫登舟,游湖,至南湖岛,过十七孔桥,看铜牛,经知春亭而回东宫门。如是走一回,"主要"景点看过,基本无憾了。记得几次逛颐和园,大体上都是遵此路线,一次是"初游",又一次是"家人游",再一次是陪伴客人的"导游"……

这条路线且不说，原本大家都比较熟悉了；况且，我们这一书是偏重讲"水"，所以我们还是从湖中"切"出一条路线来吧——这一回专从西堤六桥游起。

这就要换一条路线：或者，游到清宴舫，并不上船，而是往北往西，转到西堤上来；或者，干脆从西宫门进园，径往南走不远就临到西堤了。

站到西堤的北端环顾，眼前的湖水，浩浩荡荡，漾到南边天际；脚下一道石块铺成堤路，两侧莹波泛碧，折折弯弯地直没到柳荫里；身后的玉泉山塔峰秀丽，提供的是一个神话般的背

颐和园西堤冬景

颐和园西堤界湖桥

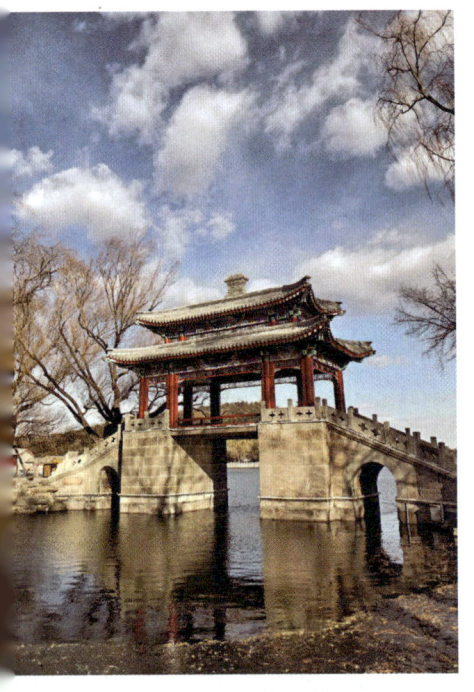

颐和园西堤豳风桥

景……这当儿，和风骀荡，你深吸几口微潮的湖水气，迈步，开始了你的西堤六桥之旅……

迎面是西堤六桥之第一桥：界湖桥。它用纯一色的青白石砌成，桥身宽宽大大，梯阶层层叠叠，两边石栏仿佛张开了巨大的臂膀，拥你迈入西堤！而你进入了界湖桥以内，或许会想起昔时游杭州西湖苏堤的情景，不由得放松心境，扭扭腰肢，游赏之意顿时又升高了几多！

第二桥：豳风桥。双重檐，长方亭，红柱画梁灰瓦，回过头来顺光为它拍照，东侧的佛香阁与智慧海恰恰似它的"陪衬"。此桥原名"桑苎"，因避咸丰帝的名讳"奕詝"而改现名。豳，古地名，《诗经》中有"豳风"篇，以"豳风"为桥名，同"桑苎"一样，表达了对农业的重视。

豳风桥西侧的"耕织图"景区，且留到下一题再谈。

第三桥：玉带桥。它堪称西堤六桥之"执牛耳"者。桥体高拱，桥身洁白，薄而俏，仿若一条玉带从碧水上飘过。倒影映在湖面，与桥身恰恰构成一轮满月！六桥中唯此最高，因为它承担着桥下通船的功能。中国现代画坛巨匠古元的一幅《玉带桥》，最好不过地展现了它的风姿。

四、五、六桥：镜桥（李白诗"两水夹明镜，双桥落彩虹"）、练桥（谢朓诗"余霞散成绮，澄江静如练"）、柳桥（白居易诗"柳桥晴有絮，沙路润无泥"），均为亭桥，镜桥为八角亭，练桥和柳桥是方亭，坐于亭下稍歇赏景，是必需的。桥名引自诗典，是乾隆朝的雅致；今日一些导游册上说柳桥之"柳桥晴有絮"是杜甫句，那是"白冠杜戴"了。

颐和园西堤镜桥

颐和园西堤玉带桥

版画家古元代表作《玉带桥》

乾隆《过柳桥看荷花》一组诗，其中一首云：

春光六月入银塘，舟过花扶定不妨。
白鹭惊人蓦飞起，半空犹带满身香。

这最后两句，出人意表，堪称佳妙！

在练桥与柳桥之间，有一组建筑不能不说，这就是"景明楼"。遇到"景明"二字，我们的脑中就会闪出范仲淹著名的《岳阳楼记》"春和景明，波澜不惊"八字。不错，乾隆皇帝当年就是标举着"先天下之忧而忧，后天下之乐而乐"的旗帜，建出了这三座形体独立而又精神相连的楼阁的——想一想也是，这里观景，胜在湖光，三楼连上，屏蔽的负效应就会显现出来了。乾隆曾在此留下"一道长堤界两湖，三间高阁界中区"，"布席只疑天上坐，凭窗何异镜中游"等诸多诗句，确是不错！这组建筑虽是20世纪90年代复建的，但楼阁的楹联保存得还堪称赞：

颐和园西堤练桥

颐和园西堤景明楼上的对联

西堤上的古树生命力依旧旺盛

　　　　静影沉璧
　　　鱼颉鸟颃自飞跃
　　　波光云影相沉浮

　　　　水态岚光
　　　汀兰岸芷晴舒暖
　　　绿柳红桃风拂柔

　　　　水天一色
　　　回连上下天光碧
　　　分入东西水影红

　　　　湖芳岸秀
　　　虽是春韶犹酝酿
　　　可知物意已舒苏

这些楹联总体上比较简达，不像有些重修的古建，楹联全靠"新纂"，结果多出纰漏。

整个西堤，自西北稍偏东南逶迤而下，全长有二里多地。西堤上有规律地间隔种了柳树与山桃树，据统计：前者近二百株，后者约一百五十株。是从清代几朝至这些年来逐渐栽种调整而成。春季"桃红柳绿"是一大盛景，那时候无论如何是该来一趟的。

西堤上漫步，自然是频频东望不已。近处的昆明湖，风光旖旎；再远，海淀万柳地区；

西堤上的古树

再再远，则是中关村以至城区一带了。高楼平地起！这里有一个城市全景规划的问题。今日东望，在景观上巍巍然的庞然大物，真真有点儿嫌其太豁目了。请远虑到昆明湖东望的风景线，搞规划的人，不只要看到自己脚下地皮这一个"点"，还要瞻顾更大的"面"，从保护古都的风貌出发，不做让后代人为难的事。

东堤"牛郎"与西堤"织女"

郭守敬白浮瓮山泊这一条水道上，瓮山泊即昆明湖占有举足轻重的地位。因为这一大"盆"水,源源下注,漾漾无绝,才有了从北京城外西北方——北京城内——北京城外东南方,这一条珍贵的水,生命之水,比黄金更贵重的水。假设(当然仅仅是假设)这条水断流,没有水从西北方注入城中,那么城内的积水潭、后海、前海(外三海)以及北海、中海、南海(内三海)都将干涸一片,那简直是不敢想象!20世纪60年代北京修筑了密云水库,开挖了京密引水渠,其间的一个关键点就是昆明湖。我们日常之所用水,离不开昆明湖。若北京人说"我们都是喝着昆明湖水长大的",这绝不是夸大之词。

具体到昆明湖这块水域,总面积约为130公顷,又可以细分成这样几块水面:万寿山前,西堤以东,即通常所叫的"昆明湖";昆明湖中"南湖岛"以南,往往被叫作"南湖";西堤以西,又可称为"西湖";万寿山后有一溪河,谐趣园内的河湖也与之连通,

1901年拍摄的十七孔桥与铜牛

昆明湖十七孔桥

统呼之为"后河"。说起"昆明湖"这一概念，大略观照到这四块水面。也就是说，如若以最显眼的万寿山下的"昆明湖"为"主角"的话，它的南面、西面、北面各有一块水面。

前一题我们已经说过"西堤"，那么它的对面——"东堤"，当然是可以说道说道的。但遵循以"水"为主这条线，在东堤上我们选择着铜牛来说吧。

著名的"十七孔桥"东边不远处，有八角重檐的"廓如亭"——俗称"八角亭"；大亭的北边，静卧着一只硕大的铜牛。铜牛长近二米，宽约一米，高有一米多，牛首朝向西北，长角耸动，炯炯双目凝视着昆明湖的水波。铜牛的身下，是一块巨型的青白石，其上凿刻着层层叠叠的海浪。铜牛的背上，"镇海铜牛"四字外镌有乾隆御笔八十字的《金牛铭》。

昆明湖边的镇水铜牛

在昆明湖畔设置铜牛，有防御洪水的作用。据说紫禁城的地面，比昆明湖东堤要低下十米。这铜牛的水平线，高于紫禁城的围墙。遇到洪水泛滥的年头，看昆明湖水漾出的情况，倘若淹到铜牛了，那就要赶快加筑紫禁城的围墙了。

铜牛卧在昆明湖东岸，脸朝西北方向——那方向不是别处，正是西堤上的第二座桥豳风桥的西邻"耕织图"园区之所在！有种说法是：乾隆端坐在排云殿上，身后是佛香阁基座的玉璧高矗，临湖有"星拱瑶枢""云辉玉宇"彩饰牌楼，皇上不由得生出自拟"玉皇大帝"的心境，姑且把浩浩淼淼的昆明湖视为"天河"吧，那么，东堤上，铜牛可喻为"牛郎"，西堤上，当然须有"织女"啦，于是"耕织图"景区应运而生。

耕织图，本建于乾隆十五年（1750年），是清漪园时期别具风貌的一个景区，河湖、稻田、蚕桑，宛若江南水乡。乾隆前后多次题诗《耕织图》：

> 堤界湖过桑苎桥，水村迎面趣清超。
> 润含植稻连农舍，响讶缫丝答客桡。
> 柳岸风前朝爽度，石矶雨后涨痕消。
> 分明一段江南景，安福舻中引兴谣。

> 玉带桥西耕织图，织云耕雨学东吴。
> 水天气象略加彼，衣食根源每勤吾。

> 稻正分秧蚕吐丝，耕忙亦复织忙时。
> 汉家歌笑昆明上，牛女徒成点景为。

1860年，英法联军焚毁"三山五园"，耕织图亦成废墟。慈禧重修颐和园，在原址上修了"水操学堂"，说是要在昆明湖上"训练海军"。这本身就是一个国际玩笑！后来，这一地区一直是荒乱萧瑟。还是21世纪初，耕织图才得以恢复。

首先是元代画作《耕织图》《蚕织图》四十八幅，用双钩法阴刻上石，嵌于玉河斋的游廊上。其次是重修的蚕神庙，红墙灰瓦的庙宇，内外花木繁盛。昆明湖水流至北海内，要穿过"先蚕坛"，此蚕神庙可以说是遥遥与之呼应了。第三是重立了乾隆书"耕织图"三字碑，石碑坐在精雕细镂的海水江涯石座上，也值得一顾。第四是"水操学堂"也得复建，入内转转，会引发人关于修兵与强国的思考。

人们通常在西堤上耕织图游览的时候，往往还未及想起东堤的铜牛；而在东堤端望铜牛，照着它遥视的方向，自然会想起隔岸的织女。设若是农历七月初七的夜晚，"七夕今宵看碧霄，牵牛织女渡河桥"之际，在排云殿或佛香阁仰望星空俯瞰湖面，该当是更有意味吧。

颐和园蚕神庙

请稍留意"凤凰墩"

从西堤往南走下来，过了六桥的柳桥再往前，或者从东堤往南走下来，过了铜牛而不停，这时候都会看到面前有一座高耸的汉白玉石桥——噢，它可与西堤上的玉带桥有几分神似啊——不要误会，它是颐和园东南角的绣漪桥。当年慈禧喜欢从长河一线乘龙舟来颐和园，这绣漪桥正是为她轩敞的大门。龙舟北上，远远的，一道形如长虹色如白练的大桥凌空在前，那不由得让园子的主人心头一热："到家了！"面对着眼前的晴波碧水，再加北边湖岸上的画栋雕梁，"老佛爷"的心境为之一爽。今天我们游览至绣漪桥的圆形桥弧，可见它恰似一副巨大的取景镜头，把西堤六桥之间的景明楼，如同一件精致的苏绣，镶嵌在镜头之中。

乾隆曾为绣漪桥随口吟了这样四句诗：

长桥湖口锁烟霞，过桥荡舟景倍嘉。
白水平拖如匹练，红莲绣出几枝花。

这首诗平淡如口语，倒能给人留下印象。

当我们迷赏这宏阔的美景之时，请稍留意：在绣漪桥北不远处，层层叠叠的涟漪之中，有一座圆形小岛，很容易被忽略过去：诸多旅游书不写它，众位导游人不提它。

细看上去，小岛与北边的"龙王庙"在一条直线上，遥相呼

昆明湖绣漪桥

应，以青石围岸，其上草木迷离，一座茅亭立于岛子中央……似乎再没有什么可关注的东西。可是，在它的身上却交织着不少故事：乾隆建清漪园，十七孔桥、南湖岛、龙王庙俱成，很是理想；他江南游回又生美意，现而今"龙"有了，要在龙王庙之南，与之相对应，建一个"凤"什么的；于是迅即动工，在湖水中"灌注"出一个并不大的圆形小岛，名之曰"凤凰墩"，其上建两层的"凤凰楼"，房脊上都装饰着精制的小凤凰，代替了传统的吻兽。这样形成了北有"龙王庙"，南有"凤凰楼"，一南一北"龙""凤"

昆明湖凤凰墩

对应,"帝后相配""龙凤呈祥"的布局。楼建成后,乾隆还安排造办处专门制作了一件铜铸凤凰式风旗,有三尺多高,置于凤凰楼顶上;昆明湖面北部宽敞汪洋,及南趋于收缩变窄,凤凰楼恰于"风口"间,风旗上的转翅御风飞转,既有观赏上的效用,也便于探风向,测天气……

知悉了这段历史,如今面对有几许凄凉的凤凰墩,人们自然会问:后来怎么啦?

说来令今人颇感好笑:乾隆的凤凰楼风光七十年,及至道光年间,清宣宗有皇子四人,有公主九人,按传统的说法显然是"阴盛阳衰",怎么办呢?道光皇帝相信了风水师的鼓吹,下令拆掉了颐和园凤凰楼。这件史事,1922年出版的《万寿山名胜核实录》中记载道:

> 凤凰墩在绣漪桥北湖内……嗣于道光间因公主多于储,经宣宗谕旨拆撤。是盖云:龙为帝王之相,而凤乃后妃之兆,故去之……

今日之凤凰墩,着急恢复凤凰楼似也无甚必要;但更多的人知晓历史上的这段曲折,庶几可增加我的更多感悟。

海淀"腹地"叹今昔

行走昆玉河

颐和园的南如意门外,眼前婉丽如虹的绣漪桥焕发着一种媚力(不是魅力,是妩媚之力),使你不由得踱步往返,反复观瞻而不舍离。如意门外二百米处,仍竖立着几方斑驳沧桑的古石柱,柱上方的石孔明显地留着绳索千万次穿过磨过的蚀痕,大概是当年拴船缆、系缰绳之所用。以曲桥为远景,以石柱为近像,所拍

南如意门前的石柱

昆玉河北起点从颐和园南如意门开始

摄的照片足以引人回思万绪。

  北京城西北郊的海淀，以颐和园的万寿山为界，其东部南部，俗称"山前"，其西部北部，俗称"山后"。再往早不说，明清以来因为这一地区属于"三山五园"的核心地带，所以它留下了深刻而不可磨灭的皇家园林及其附属设施的烙印。

  20 世纪 60 年代初，"文化大革命"前的几年，我在位于海淀黄庄（原称"皇庄"）的北大附中读书，住校，一因多位主课的老师原本就是由北大"调派"（比如戴"右派"或"右倾"的帽子）而来，二因不少同学本来就是北大的子弟，三因当时海淀区委、区政府一批干部的孩子也在这校就读，四因后来去看望老师，老同学聚会……所以北京大学、蔚秀园、承泽园、海淀镇，以及扩而至"山前"地区，是我常常"出没"的地方，我对这块土地是相当亲切的。

2017年9月底,我接受记叙京杭大运河北京城内一线水路（有人称通惠河,有人称玉河,其实各分段落,各有所称）的写作任务,10月1日,正是京城里秋初风色最佳丽之时,我开始了对这条水路的踏访。

这些年对昆明湖而下水系的治理,已收到了显著成效,夏日里的雨水又相当丰沛,从颐和园往外流出的昆玉河,水量不小,水质洁净,满荡荡地漾在石块与水泥砌就的岸畔,像是选用连绵不断的晶莹翠玉铺缀而成,静静地、毫无声息地缓缓向南流去。几乎没有什么风,秋初偶有一阵和风吹过,有杂糅着各种秋花含敛芬芳的香气暗浮,低垂至水面上的万千柳梢轻摇细摆,流水报之以细细的涟漪。河两岸早年间就装上了青白石雕组的护栏,远望去宛如为河道镶上了长长的玉链。河两畔往来行人很少——有几多人稀罕一大早走这长长的岸路呢。倒是间续有白肚黑翅的喜鹊,或是灰身花项的鸽子——它们营养丰富,往往有相当肥硕的身材,从路边的绿荫间飞来,落在岸边石栏上观风赏景,大模大样地,即使你走得很近了,它也安闲地与你对视,并没有着急忙慌要起飞的意思……

打破这一切宁静的,是旅游船来了!今天的旅游船,一概名之曰"龙舟"——这是沿用几百年来的老名,慈禧之所乘,应该说达到顶峰。昂扬耸翘的龙首,绵亘长施的尾鳍,宽宽大大,色彩艳丽……今日与昔年,追求的大略相同;但无论如何慈禧的驱舟动力,远逊于当今。龙舟之所来,多自紫竹院,这是仿照当年慈禧来颐和园的路线,逆流北上,直奔南如意门,只不

昆玉河上行驶的龙舟

过进不了绣漪桥就止住了……北上的龙舟，游客满舱，兴致万丈，其中有人在品咂"太后"的幸福，甚至心中腾起当"女皇"的企望也是人家自己的事。还有些龙舟是从南如意门顺流而下的，它们大多是空舱，赶到下游紫竹院去接客人。龙舟相向而行，隔上百八十米，各自会用低音喇叭发一声短促的招呼，大概是"你好，哥们儿！"的意思。北往南来的龙舟上午八九点以后愈见稠密，一派旅游高峰的景象！游船驶来，由船舷带来的冲挤，昆玉河的水面荡起万层细浪，一环逐一环，直压到岸畔石边，于是"啪啪"的浪声有节奏地响起，像是在不停歇地鼓掌。在昆玉河边长走，有滢滢碧水常伴，遇山坡则上攀，逢转桥便登梯，爽风习习，花香鸟语，这是如诗如画的行程。六郎庄、火器营、巴沟、长春桥、万泉庄、万柳、泉宗路、麦钟桥、南长河、万寿寺、广源闸、紫竹院……地名上有老的、新的、变异的、拼连的，反映出时光前进的脚步迅疾而又难免仓促。2017 年 10

月1日从昆明湖到紫竹院，沿着水路这一线踏访，兴头冲冲哪顾疲累，行色匆匆何知路远。至若其间的一些节点，待下文稍择选再加叙写。

万泉庄上觅"泉宗"

颐和园东宫门外、南门外、南如意门外，属"西苑""万泉庄""六郎庄"，当年是园林、稻田、村落为主的一马平川。此间的六郎庄、万泉庄，都与京西北水脉紧紧相关。

明嘉靖年间张爵著《京师五城坊巷胡同集》，中有"牛栏庄"一地。后来的文字记载中又出现过"柳浪庄"一称，应该是"雅化"了，增加了许多诗情画意。而清乾隆年间于敏中编《日下旧闻考》，这地名又记为"六郎庄"，显然是附会了民间关于杨家将的故事。乾隆的四世孙，道光年间奕绘贝勒，写有《昆明湖上》一诗：

绣漪桥影恰如环，湖外知名大小山。
日暮东风吹浪起，六郎庄上买鱼还。

清宗室在这一带活动频繁，这首诗难得的浅白，但恰也是对近两百年前该区域风光的描绘。

光绪十八年（1892年）四月十四日，光绪帝发一道上谕，对他次日的行止做了如下安排：

朕于明日办事:用膳,召见大臣后,出德昌门、福华门、阜成门,紫竹院小坐,走苏州街、六郎庄,进颐和园东宫门,至乐寿堂,太后前请安、传膳毕,听鹂馆少坐毕,出东宫门,走六郎庄、苏州街,紫竹院小坐,进阜成门、西安门、福华门、德昌门,还瀛台。

这道上谕载于当年的《申报》。德昌门、福华门,是中南海内的门。二十二岁的光绪帝,这一天可真够忙的!他受慈禧的约束,每隔一天要往颐和园汇报政务,听候训示,常常是披星而来,戴月而归。后来他走变法图强的路,那也的确是被逼的。慈禧过绣漪桥,随口问桥东这村子叫什么,仆从做了回告,慈禧心想"六狼",而自己是属羊的,于是生了忌惮,下令说不如改称"吉祥庄"吧。但民间的习俗毕竟影响更大,六郎庄还是一路叫下来。历史早已翻过了这一篇。今日重走颐和园,又过六郎庄,一百多年前的镜像不时地翻上脑海,令人感慨万千。

万泉庄,当与滚滚下淌的水流紧密相关。康熙皇帝早就有言:"所谓万泉庄者,固郊畿一胜境也。"而乾隆皇帝,于此地下力甚殷,亲自做了水源探考与水流观测,发议论道:"人皆知此为万泉庄,而泉之源又实在此,此不可不正其名而核其实也!"乾隆三十二年(1767年),他敕令在此建了"泉宗庙",在《泉宗庙记》上说:"玉泉之水自西山诸泉伏流而来……万泉之地实近长河之东堤……泛滥演漾……永灌注之利,无旱暵之虞……"而在《万泉庄记》上则记录了具体的措施:"命所司建泉宗庙于此地,若大沙、小沙、巴沟皆立碣以志之。""庙之内东西为池沼亭台若干所，其渟泉处亦皆与之名而志之"。这样一来，庙中区是大沙泉、小沙泉、洗钵泉等，庙东部是跃鱼泉、松风泉、印月泉、露华泉、鉴空泉等，庙西部是浣花泉、漱石泉、猗竹泉、柳浪泉、云津泉等，一共命了二十八个泉名，建了二十八方泉碑。在昆明湖水往下流的道上，这真是一个卓有代表性的节点！远远地，当我看到"泉宗路"的铭牌高高地悬在路侧的横杆上的时候，我在这一区域转了几个圈儿——哪里有老庙的半丝毫毛？即使是那众多坚硬顽固的石碑，也完全不见了踪影。

　　与万泉庄、泉宗庙相类的，还有一个大名鼎鼎的"圣化寺"。乾隆记"泉宗圣化寺，相去不三里"，即是说圣化寺与泉宗寺是紧邻。《日下旧闻考》对圣化寺多有记载，说它"西为河渠，东为稻田，前临大河"，"左为虚静斋，临河为欣稼亭"，等等，足见水漾四环。乾隆一组题为《西园泛舟至圣化寺》的诗计五首，

泉宗路

漫记了圣化寺的风光：

> 万泉十里水云乡，兰若闲寻趁晓凉。
> 两岸绿杨蝉嘒嘒，轻舟满领稻风香。

> 远山螺黛映澄潭，润逼溪村绿意含。
> 谁向萧梁庚开府，帧头买得小江南。

还有"芰荷惆怅西风里，作意临波艳晚妆"，"连朝甘雨活雕枯，水畔山畦翠更腴"等句，活画出了圣化寺水源之胜。然而，今日我在"圣化寺路"地域寻觅，这边是"碧水云天"小区，那边是"万城华府"楼盘，真个是铺天盖地。与路边几位老者请教，他们对"圣化寺"的了解只停留在是"三个字"的层面上，昔年的水色泉声，如烟飘逝。

四顾长春桥

沿着昆玉河南行，"长春桥"是个重要的节点。所谓"昆玉河"者，从昆明湖至玉渊潭之谓也。而实际上，你未必一直往南到达玉渊潭，在海淀区中部长春桥处，有一道水向东南方向流去，称"南长河"，跨过今日的西三环路、紫竹院、高梁桥，流进积水潭。从昆明湖往来的龙舟之游，是有往玉渊潭方向的，而更多的，是走向南长河、紫竹院这一方向。要知道，当年慈禧上颐和园，走

长春桥附近的公园也富有野趣

的就是高梁桥绮红堂登龙舟的这一条路线啊。从另一个角度说，我们讲大运河北京城内的水路，昆明湖而下，走积水潭一线也是它的主要流向；而玉渊潭的水，主要是向东朝南流，作为北京外城广安门、右安门、左安门、广渠门的护城河水"转"到东便门处再并入通惠河的。

　　站在长春桥上四顾，其西北，一片有红墙隐现，有绿瓦纷披的古色斑斑的建筑群引人关注。昆玉河的水在它的西侧日夜淌流，间有龙舟推搡着水波喇叭低鸣，这片临水的古建，该有什么样的故事呢？我匆匆绕过一个叫"世纪金源"庞大商业建筑前盘桓的乱路，直奔而去。是"蓝靛厂路"东口路北，涂饰着杂花和大字的高高围挡后，朝东有两个小门，朝南间隔着三座砖门，一方"立马关帝庙"的文物保护石碑——大概署2001年，土头土脸地立在树棵子后。啊，立马关帝庙！北京城的关帝庙，不知有多少，可以说达到无街无之，无村无之的程度，但早就听说这座庙的大名：它的山门之内，塑有一匹火红色的"赤兔马"，昂首站立，作随时听从召唤腾起状……有了这点特殊，它也就格外与众不同。

关帝庙修复处的吴哲先生陪我绕看了庙况。全庙有东、中、西三路，占地面积可不小，庙殿大体上保存，多年来做了什么单位的宿舍，所以曾经是人员密集，杂物堆积，目下正处于腾退的尾期，脏土破鞋烂袜子，污烂不堪。吴先生是北京道教协会的人。他介绍说，这座庙是明万历年间由道士募捐化缘修建的，清雍正、光绪年间递有修缮，慈禧身边的大太监李莲英、二太监刘诚印都关照过这座庙产，把它建成了太监们的养老院——太监们年龄大了，伺候不了宫里的活儿了，怎么办？只好从宫内出来，找个地儿，一靠积攒下来的钱财，二也要干点活儿自食其力，以待终老。

立马关帝庙

刘诚印死后，接替他的是孙玉贵，仍任李莲英的副手。庚子乱中，将珍妃推入水井的，就是这个孙玉贵。慈禧1908年去世，李莲英回了崇文门外的旧宅，孙玉贵就住到了立马关帝庙，大概在民国十几年死翘了。后来这个庙里还住过孙耀庭——这个以"中国的最后一名太监"而扬名的老人。太监们大多各有些田亩，新中国成立初期"土地改革"，不少太监就被划为"地主阶级分子"，孙耀庭们被逐出了立马关帝庙，住到了长春桥东岸的小村里，后来孙耀庭辗转落脚在后海北岸的广化寺。老人家很长寿，20世纪初生人，好像是一直活到了世纪末。听吴哲讲这些，我不禁感慨自己正在转悠的老庙里曾留有众多太监们的身影，又联想起20世纪80年代，我多次去过广化寺，大殿阶前着棉衣晒太阳的几位委顿老人，或许就有孙耀庭在其中……

立马关帝庙内的碑座，而碑身已不知所踪

立马关帝庙的主要殿宇，骨架犹壮，格局尚存。主殿顶上的绿琉璃瓦仍然闪闪有光，廊壁上镶嵌的琉璃砖依旧不同凡响。吴哲手捶厚厚的山墙，发出"梆梆"的硬响，"一百多年前的翻建，今天修一修还顶戗！"庙宇西路靠着院墙，有两间朝东的厢房，北端一小门，南端一小门，整体砖砌，连一扇窗户也没有。

立马关帝庙内的琉璃瓦和吻兽

吴哲告诉我这样一桩故事：太监们先后住进来，谁手里都或许有几件金银细软——自己攒钱买的，使权时有人进贡的，甚至是从宫里"顺"出来的。按当年住庙的规

清末太监

矩，这些物件一律上缴（搁个人手里会引起多少是非，以至生死命案），就存在这黑咕隆咚密闭重锁的厢房里。什么节骨眼儿上，比如说谁离开大庙要回家了，谁要往个新的住处去了，等等，在众目睽睽之下，你有个机会，从厢房的前门进去，一趟走过，在两眼一抹黑任嘛也看不见的库房中，你可以随手"挑"出个什么物件来（小如指甲盖但为天价翡翠也是它，大至一卷轴但为烂菜价的劣仿书画也是它），赶快从后门出来，不论你当初带来的是啥，也不管你结果携走的是甚。"关帝庙前人人平等"（民间也有把关圣帝君视为"财神"的），这一举措被俗众称为"撞大运"，他们行内叫"摸造化"，或者另有别的什么名目的。只要静下来想一想，从宫禁里奉君王、侍后妃，到立马关帝庙中处理变化了的上下尊卑关系，再到这富贵或贫贱甚至是生或死的蒙眼一搏……多少悲辛故事演绎铺陈！我相信立马关帝庙中会产生好小说的。

长春桥的东侧，宽展的马路边，矗立着巨硕体量的海淀区委、区政府大楼，再东是海淀区公安局的大楼。两座大楼数不尽的钢

窗反射着秋阳的灿灿光斑。设想在任何一扇窗内下视,则昆玉河水波光万点,远近大马路上动静皆见。从这两座大楼前走过,我的脑海里不由得浮现出半个世纪前后,位于海淀镇中心的区委、区政府大院的面貌——

斜穿着海淀镇,有一条珍罕的石板路,那是清代皇帝经西直门往西北郊园林去的御道。御道的路北,虎皮石墙围着一个旧院落,院落当中有一座四层灰楼,每层多不过二十洞窗户吧,这就是原来的区委、区政府办公大楼。楼前侧面,一个大礼堂兼饭厅与会场两用。我之所以记住这一点,是因为"三年困难时期"刚过,一次我与另一同学奉语文老师之命为区委宣传部某干员送一份重要的文稿,人家留我俩在大饭厅中"饕餮"过一回。楼西的空场,好像还有些老的亭廊,藤萝花架,等等。

从长春桥往南,追迹龙舟驶去的方向,则偏东拐进入了"南长河公园"景区。长水边,绿荫婆娑下,石底金字的"麦钟桥碑"砌筑岸畔,我不能不近前细看。老桥呢?我查《日下旧闻考》,知道乾隆的《御制麦庄桥诗》中有"闻钟背指万寿寺,摇橹溯洄西海流","石桥郭外经过屡""娱情两岸稼如雨"等句的,但眼前左顾右盼,均未见之。岸畔石阶下一钓竿闲垂,意似"姜太公"

麦钟桥碑

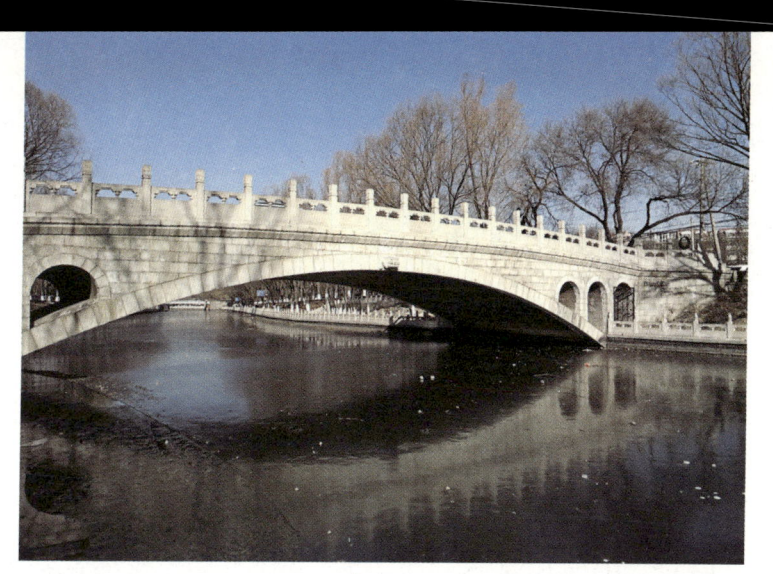

新麦钟桥

的老者告诉我：猴年马月早就拆啦！看，那不是近两年建的新桥吗？老翁右边不远处，一中年男子坐小马扎手持一卷书，交谈几句接过书看封面——台北版的《志摩诗辑》，"随便翻翻，休息一下"。确如所言，这位"IT"男明显是在"换脑筋"。

沿着南长河公园跨过西三环北路，"八一剧场"的金字招牌和"万寿寺艺术博物馆"的红墙黄瓦就在眼前。我已经走过的这一线，姑妄称之为海淀的"腹地"，我是亲切的——因为有过旧游，又是陌生的——因为变化太大了。

游回不几日后，我与海淀区的老干部、区政协原主席、文史专家张宝章先生有过交谈。他已是八十六岁高龄，现在就住在海淀中部的万柳地区，听我讲述他太熟悉了的这块"腹地"的点点滴滴，他当然是高兴的。张老告诉我：泉宗庙前原有的两座汉白玉大石牌坊，早在北平解放前就被拆卸运走了，说是给张作霖的陵园"壮门面"去用了。泉宗庙原有两块乾隆御匾，是"景自天成"还有什么，也被移置中山公园一座琉璃亭挂起来了。

再有：乾隆时的"麦庄桥"，后来被改成了"麦钟桥"。现在于"大钟寺"内悬挂的永乐大钟，原来存在长河边的万寿寺，有传说是在大钟移运的路途中，曾在麦庄桥旁边埋入土里，于是又叫"埋钟桥"。今日叫"麦钟桥"，实际上是掺入了这未必实有的传说成分。

张老还说：他工作了几十年的海淀区委、区政府大院，当年称"德贝子园"，曾经属庆亲王奕劻私有。今天那块地皮，已处于中关村科技园的核心区。

是啊，时代在前进，经济在发展，我们的事业成就辉煌。"海淀"（湖淀连绵如海）的旧名不显了，暗淡了，甚或被遗忘了；而代之以"中关村西区"的新名。"中关"，乃"中官"谐音而来。"中官"是什么？《汉书》上说，"凡阉人给事于中者"，即宫里的太监。"中官村"，过去是太监坟墓之所在，后来实兴随意谐音取代（此风是全社会轻视文化的表现，为害极大，暂不说罢），改称作"中关村"。中华人民共和国成立之初将中国科学院一些研究所建在这块荒地上。21世纪初，促进科技发展当然是鸿道大理，看重了"中关村"之名，于是把它往西又翻了一个大饼，成"中关村西区"，挤得古老的"海淀"悬悬忽忽似乎是"落脚无地"的感觉。设若当初，把海淀往东翻个饼，我们的大科技创新区倘若就叫"海淀"，浩浩如"海"，深深积"淀"，是不是也是一个选择呢？往事已矣，走过的路再回头麻烦多多。夹上这段话不过是想说明，作为一个有深厚历史传承的古都，哪怕是取个名儿这般在有些人看来的"鸡毛小事"，也应多一些文化的思考为好。

风光最是数长河

万寿寺、广源闸与龙王庙

昆明湖的水,在南流昆玉河的阶段,以至到长春桥以后朝东南岔向南长河的阶段,总的基调是:闲静,水波淡淡,波澜不兴;闲雅,草木净植,绿意葱葱;闲适,来往行人算不上多,透着点闲云野鹤般的闲情逸致。西三环北路似乎是一个界限,过了这条高高壁立纵贯南北的大马路,万寿寺重重殿宇用它殷殷的红墙召唤你,寺之东几家饭铺悬出的灯笼在门口招摇,寺前的码头有龙

长河两岸风光

舟停靠在上下游客……旅游的气息，人间烟火的气息，明显地浓烈起来。

万寿寺是长河北岸一座大寺，有五进院落，建于明万历年间。清乾隆十六年（1750年）、二十六年（1761年）乾隆为其母两次在这里举行祝寿大典，记载说每次千名僧人诵唱佛经。北京的"钟王"在中轴线北端的钟楼上，居第二位的"华严钟"铸造于明永乐年间，原置德胜门内汉经厂，万历年间（1573—1619年）移至万寿寺，乾隆八年（1743年）"择吉"六月十六日移至大钟寺。这就是说永乐大钟曾置万寿寺百多年。前面提到它曾埋"埋钟桥"显然是一种民间传闻。光绪年以后，慈禧往来于紫禁城与颐和园的途中，常常在万寿寺休息。慈禧使用过的梳妆楼，仍然得以保存。今日坐落于北芍药居的"中国现代文学馆"，在筹建的20世纪80年代末90年代初曾借用过万寿寺，现在的万寿寺已成为"北京艺术博物馆"。从万寿寺码头下船，游一游北京艺术博物馆，倒是一个颇具雅意的选择。

从万寿寺往东沿水道行，不足一百米，就看到一道重要的水闸——广源闸。它曾号称"天下第一闸"，名声赫赫。我们这本书开头讲到郭守敬解决大都水源的问题，这是他建水系时面临的第一个挑战。他紧接着面临的第二个挑战，就是对水流的控制问题。这就要靠闸坝。这很容易理解：北京总体地势西北高，东南低，但局部地势又会呈块落性的"台地"与"洼地"；而水的本性是趋向下流的。为控制水流方向，进而利用它能"载舟"运人输物的功效，这就需要调节水面的高度：设想一举而调节整个水系的高度是做不到的，但把它"截成"一段一段地来调节，那是可以做到的。这就是自古以来闸坝的产生与应用。对于郭守敬在整个水系上闸坝的设置，历史上有不同的说法：

《元朝名臣事略·郭守敬行状》中称，他是隔十里设一闸，"凡为闸七"，每闸实为二道，这就是十四处闸坝。

《元史·河渠志》记载了广源闸、西城闸、海子闸、文明闸、魏村闸、籍东闸、郊亭闸、通州闸、杨尹闸、朝宗闸这十处闸名，其中八处各有二道，两处各有一道，这就是十八处闸坝。

《日下旧闻考》记录了明清以后的变化，有闸原一道增为两道，有闸原二道增为三道，这样全线是二十四处闸坝。

广源闸在元至元二十六年（1289年）建成。我们这本书开

广源闸

广源闸镇水兽

首提到，郭守敬的白浮泉建成是至元三十年（1293年）。也就是说，广源闸比白浮泉建成要早二三年。明蒋一葵撰《长安客话》，说广源闸似"玉虹偃卧"，四周"界以朱栏"，水岸"缘溪杂植槐柳，合抱交柯"，"水急而清，鱼之沉水底者鳞鬣皆见"，"春时堤柳垂青，西山朝夕设色以娱游人"，每有帝后来游，则"堵水满河，可行龙舟"。这说明当时桥闸宛若卧虹，环境是红桥绿柳，十足可人。乾隆三十六年（1771年）乾隆过广源闸，留下了这样的记录：

广源设闸界长堤，河水遂分高与低。
过闸陆行才数武，换舟因复溯回西。

显然，这是他当年到广源闸弃舟上岸，走上几步，再乘船继续西行向昆明湖去。乾隆的一些诗，很具"纪实性"的特点。

今日之桥闸，当然是后来又加修缮的。花岗岩的桥涵、闸洞与闸壁，因长年水浸留染着深重的渍痕，朝西与朝东各有一对镇水兽首浮雕，虽然也是水迹斑驳，但离桥门很远就可看到，显现了古代雕刻技艺的传神。

广源闸的桥畔，有一座小小的龙王庙，世人说这位龙王爷是专司水利的——他乐事敬业，则北京城内河畅水通，不会闹水灾。因此每逢龙王爷的生日之时，到广源闸龙王庙来烧香磕头的人就很多，不光有芸芸众生，还有皇宫大员。又因为大家各自认定的龙王爷的生日有不同——你说二月二，他说六月六，还有说六月十三的，还有说是腊月二十三与灶王爷同日的……这样龙王庙前

广源闸龙王庙

就形成了"香火不断"!

令人难忘的长河

我很看重这一部书：《旧都文物略》。这是"民国二十四年"也即 1935 年，由"北平市政府秘书处"编著的，主编汤用彬，编者彭一卣、陈声聪，编审陈宝书、吴承烜、金保康。当时先后担任北平市长的袁良、秦德纯分别作序。书为大八开本，墨蓝色硬面精装，订口上有成束的朱红丝线穿系，封面上是纯金铂烫印"旧都文物略"集汉碑字。书内辑城垣、宫殿、坛庙、园囿、坊巷、陵墓、名迹（上下）、河渠关隘、金石、技艺、杂事共十二"门"，并有四百多幅用当年最为先进的珂罗版技术印制的照片。出版幸当七七事变之前，主编汤用彬（清华大学汤用彤之兄，北京大学汤一介之伯父）时任"北平市政府主任秘书"，他那一班人堪称强手。

我珍存这部书，手中有三种版本：

一、应该是上20世纪80年代中国书店的仿真本（未著自己的版权页），当年用五六百元买进。

二、2000年我所供职的北京古籍出版社的影印本，封皮为紫红色，印2000册，定价198元，当然我留有样本。

三、前十几年在拍卖会上买进的民国老本，大略是三五千元。

近日闲翻邓云乡《文化古城旧事》，他老1983年在上海旧书店买入旧版，三十元。

在我整理这篇文字的2018年3月中旬，看到2018年3月31日将进行中国书店"海王邨拍卖会"上，这部书的底价是2500元。估计当以差不多的落槌价成交。

《旧都文物略》中国书店仿真本 　　《旧都文物略》北京出版社版本 　　《旧都文物略》民国本

本来不是写"长河"呢,忽地加入这些"书话"是不是"跑题"啦?

不是的。

看《旧都文物略》,足见"长河"在"旧都"中的被人重视。

书中《名迹略上》,记"内外城名迹五十一"处,《名迹略下》,记"郊外名迹四十"处:"郊外"这一"门"中,有万寿寺、广源闸、长河、双林寺、农事试验场、五塔寺、极乐寺、高梁桥八处,占了五分之一!实际在习惯上,人们把这一线风景区概以"长河"而称。《旧都文物略》对这一线的简括是:

> 由高梁桥起,直入昆明湖。河水清涟,两岸密植杨柳,夏日浓荫如盖,炎歊净洗。游人一舸徜徉,或溪头缓步,于此中得少佳趣。

请注意,我这本小书,是从上游昆明湖顺流而下记录的;《旧都文物略》,是从城内往城外逆流而上叙述的。人家的语言,当是典雅之甚!

同样是民国时代,以"北京通"著称的旗人金受申,留下了极为重要的手抄本《北平历史上平民游赏地记略》,对这一线景区的记述则更丰富。有兴趣的看家不妨找来这篇文一读。

历史上,明清建朝于紫禁城,都城内许多地方也成为禁苑,所以士子文人,更有平民百姓,尽可能地在皇城之外寻找开掘游赏的闲地。城北德胜门外的"蓟门烟树"(当然这是乾隆认定错了的地儿），安定门外的满井，城南广安门外的莲花泡子，丰台的草桥，城东东便门外的二闸、通惠河一线（我们在后文当然会着重谈到），以及城西西直门外这长河一线，都是士子俗人流连不舍之地。

长河一线，我们在前文已说过万寿寺、广源闸，下面再找几个点略说一下。

紫竹院。自昆明湖顺流而下的龙舟，早年间就是走万寿寺、紫竹院水道的，今天大多数游船仍然是认这一线。紫竹院内设码头"紫御湾"，芦叶四围，片石高耸，由此下船游一游"紫竹院行宫"饶多雅获。行宫大门悬乾隆书"福荫紫竹院"匾，院内楼阁上又

紫竹院一景

有"报恩楼"，都是乾隆为孝敬其母钮祜禄氏所设。

白石桥。紫竹院东，今国家图书馆楼前，一座宽厚的大石桥已成为车流滚滚的交通要道。这座桥本建于元代，今日所见为清

代翻修,后来又有拓展。站于白石桥东侧南岸,桥西是翠竹漫漫,北望是书楼巍然,美景色与书香气共氤氲。

北京动物园。这是现名。乾隆时称"乐善园",后成为大学士傅恒第三子福康安的私园,俗称"三贝子花园",光绪末年名"农事试验场",俗称"万牲园"。

白石桥附近河道旧影

原来乐善园的东门处,有一处"绮红堂"。

这是乾隆为其母钮祜禄氏六十大寿所建。从西郊园邸到紫禁城宫内一路,数九寒冬可以乘冰床;但乾隆还是担心老人受冷,

北京动物园内的畅观楼,是清末皇室唯一的欧式行宫

安排在半途上请老人换坐暖轿,地点就是绮红堂。光绪朝慈禧依样使用绮红堂,戊戌政变后慈禧把光绪变为囚犯,随处携拘,即使到绮红堂也设专门看管光绪的房间。

极乐寺。今天的北京动物园北门外那条河,就是我们所关注的长河;隔一道长河,河北岸正对"五塔寺"的南门。动物园与五塔寺的东邻,一个重要的地点即极乐寺。关于这座今天人们多已忘却的古寺,我们不吝篇幅,将明代文学"公安派""三袁"之长兄袁宗道的《极乐寺纪游》转录下面:

极乐寺纪游

高梁桥水自西山深涧中来,道此入玉河。白练千匹,微风行水上若罗纹纸。堤在水中,两波相夹。绿杨四行,树古叶繁,一树之荫,可覆数席,垂线长丈余。

岸北佛庐道院甚众,朱门绀殿,亘数十里。对面远树,高下攒簇,间以水田。西山如螺髻,出于林水之间。

极乐寺去桥可三里,路径亦佳,马行绿荫中,若张盖。殿前剔牙松数株,松身鲜翠嫩黄,斑剥若大鱼鳞,大可七八围许。

暇日曾与黄思立诸公游此。予弟中郎云:"此地小似钱塘苏堤。"思立亦以为然。予因叹:西湖胜景入梦已久,何日挂进贤冠,作六桥下客子,了此山水一段情障乎?是日分韵,各赋一诗而别。

说实在话，如今大家每天都忙，这样的文章很少读了——或者说，"过去都读过"。但我相信再读一过，一定会心有所动。

一直到民国年间，我前文所提《旧都文物略》中还提到极乐寺，侧重介绍了寺内曾经显赫的几种花：

> 寺在前清时牡丹最盛，东有国花堂……牡丹断尽，又以海棠著，旧志称海棠树高两三丈……今海棠亦尽，唯有文官花，秋初结果，寺僧以之遍赠施主以结善缘。景物变迁如此，可胜慨叹！

这么好的庙宇，当今是何样面貌呢？昔年那招人关爱的名花，今日还有谁幸存呢？

五塔寺往东近一里，路边一方巨石上烫金书"紫御"二字，

极乐寺旧址

顺路往内走,有一"紫瑞嘉园"小区,其中部层叠的山石与丛杂的花木之后,还可见原极乐寺的建筑余存。古老的殿宇已经翻建,共有三楹,小湖晶莹,石径盘桓。牡丹成畦,海棠成林,花期虽已皆过,但枝粗叶壮,可以想见春时烂漫光景。当年广结善缘的文官花,你们还在吗?我决心要细细寻找一番了……

从高粱桥到积水潭

沿长河之水继续往东,当临近西直门附近的时候,"高粱桥"到了。

2017年10月5日,艳阳高照,我曾往高粱桥一游。这个地域有长长的"高粱桥斜街",然后是北方交通大学宽广的校区,再东是"北京北站"的站台区。高大的建筑鳞次栉比,奔涌的大路马达轰鸣,街边上是司空见惯的饭馆、杂品店、售房中介……与各个街口几无二样。

昨夜读书,明清以来无数文人学子留下了记述高粱桥的诗文作品,此时犹在我的脑海里浮浮现现:

明代文士陆启浤,撰有《北京岁华记》,他咏《高粱桥》:

冬郊未曾雪,残叶犹恋树。
山水入高粱,淙淙桥下度。
万物静相忘,豁然领奇悟。
及此见凤心,斜阳忽西暮。

高梁桥旧影

在北京任职的沈榜,有著名的《宛署杂记》,他记录四月八日"浴佛节",高梁桥北的娘娘庙,成为游览热点。

滥觞遂至倾城妇女,无长少竞往游之。各携酒果音乐,杂坐河之两岸,或解裙系柳为围,装点红绿,千态万状,至暮乃罢。

当年的高梁桥,自有"静"时,流水淙淙,物我相忘;又有"动"时,万众欢腾,喧嚣竟日。可眼前呢,我力图在纷繁的世象中追寻旧景,却是一无所见。有大红字的宣传标语,高低张挂;有新砌的水泥小池,栽种着最习见的柔花细草。太阳当空,我不由得觉到有些燥热,脱外衣挽小臂,禁不住升腾起几多伤感!

前一题我引用了袁宗道《极乐寺游记》一文,有朋友看到,甚赏,说:读今天的记录,又能遇到几百年前的美文,我喜欢!也是恰好,写此篇时我捡起袁宏道(他是"三袁"中的老二,还

有弟弟袁中道)《游高梁桥记》一文,不提供给读者真有遗珠之憾:

高梁桥水闸遗存

游高梁桥记

高梁桥在西直门外,京师最胜地也。两水夹堤,垂杨十余里,流急而清,鱼之沉水底者鳞鬣皆见。精蓝棋置,丹楼朱塔,窈窕绿树中。而西山之在几席者,朝夕设色以娱游人。当春盛时,城中士女云集,缙绅士大夫非甚不暇,未有不一至其地者也。

三月一日,偕王生章甫,僧寂子出游。时柳梢新翠,山色微岚,水与堤平,丝管夹岸。跌坐古根上,茗饮以为酒,浪纹树影以为侑,鱼鸟之飞沉,人物之往来,以为戏具。堤上游人,见三人枯坐树下若痴禅者,皆相视以为笑;而余等亦窃谓彼筵中人,喧嚣怒诟,山情水意,了不相属,于乐何有也?

稍顷,遇同年黄昭质拜客出,呼而下;与之语,步至极乐寺观梅花而返。

哥哥袁宗道写极乐寺在前,弟弟袁宏道记高梁桥于后,我们一起赏读,真是很好的享受。

翻开手边的《旧都文物略》,于"高梁桥"一条是这样记载:

出西直门约里许为高梁桥，在平绥路线以西，桥东为玉河，穿过铁路线入护城河。桥以上为长河，旧为慈禧去往颐和园舟行经路。桥旁旧有倚虹堂，崇饰华丽，为西后登舟处，今废。

在车流滚滚的大路边，我寻觅到了"高梁桥"，它南北走向，悄没声地侧卧在一多半遮蔽了的建筑围挡之后，像曾经在豪华写字楼内的一把"老板椅"，现已破旧被弃置在楼后的窄巷中一样。流水呢？长河呢？我选择路过的人——年龄大些，看上去显系北京"土著"的老一辈人发问。年已七十开外，长身微驼，一位老先生回答了我的问题。他把我拉过马路，来到三面均有马路"切割"的一块不大的"三角地"上——这里大树参差，树荫浓郁，一条

被废弃的高梁桥

洼陷下去的土沟，杂草蔓生，前面有半露着的石质桥券，沟旁立着残破的闸坝与挑闸石……"这就是原来的高梁桥！"长河，原来从这儿流过（现在已埋入地下），20世纪80年代，修了新"高梁桥"，向马路那边扩宽了。

老先生大名张歆，已退休的工程技术人员，简直是这一带的"活地图"！指着眼前矗着的"大钱市1号楼"，"这楼的地皮上原就是我家的老宅，三十多年前升楼上去了。""住'大钱市'，是不是都特'趁钱'吧？"回答我的玩笑，张先生在树荫下给我讲了个故事：

清代帝后到了高梁桥，再往前不远就是他们"体验民情"，可以随便买点什么玩意儿的"苏州街"了。于是从宫里带出来整钱就有换成零钱的需要。高梁桥南端，建有三间西房，这里首先可以拆换零钞。乾隆呢，癖好坐在船轿吸长管铜锅的大烟袋；随身侍护一时忘了引火点烟，而高梁桥的钱铺子主人见机连忙给乾隆点上了烟；乾隆很高兴，说你这钱铺子干脆卖烟，也负责点烟吧……高梁桥这三间房，有叫"钱市"的，也有叫"烟市"的，后来叫"大钱市"就叫开了——你总不好叫它"大烟市"吧！

哈！历史就这般饶有趣味。

张先生还陪我"顺"了长河继续下流的情况："转"过西直门，北接内城西北角的原"太平湖"（也是走地下的暗河了），再往东流，从"汇通祠"的"水关"，就流入"积水潭"了。

我谢过张先生，快步绕西直门盘桥，直奔积水潭方向。

什刹蜻蜓款款飞

这是一块神奇的土地

自西北方向来的水流过高梁桥,流入德胜门水关之后,就进入什刹海的水域了。如果说,瓮山泊(昆明湖)是居于通惠河上游的一壶悬水,是水源之所储存的话,则海子(什刹海)可归为该河中区之不可或缺的殊宝之地。从东南往西北看,什刹海是通惠河逆流而上、千帆万楫运载入城的终点码头;从西北往东南说,什刹海又是通惠河水波涟漪、顺流而下的一壶悬水,水动力之所集聚。

所以,写通惠河,什刹海是非写不可。

问题在于怎么写。

单单一个什刹海,写上十本、八本也是可以的。

但我们这次不能。

只能用"蜻蜓点水"的方法,许多方面,许多地方,我们"点"一下而已,"点"到为止。

于是,我们放出一只"蜻蜓"来,在什刹海这一辽阔的水域上,任它南北西东,无拘无束,随意而飞,浅尝复又起,啄水不计点。

怎样"飞"呢?人家蜻蜓本来是:晶额奕奕,莹翅闪闪,自由自在，舞步舒缓——这叫"款款"而飞。

予今老矣！下笔亦已迟滞。若比作"蜻蜓""飞"起来，恐怕只能是"跐跐"而飞。

那岂不是"折污"了蜻蜓的形象了吗？

——且试试由它"款款"一回吧！

元建大都，大都城内设五十坊。紧依什刹海畔，为永福坊、凤池坊、丰储坊、析津坊、永锡坊，再北为里仁坊、招贤坊，再东为靖恭坊、昭回坊，各坊雅名福祥吉瑞，又含招贤纳士之义。而在该区域的实际发展演化过程中，这些雅意大都能付诸实现，造就它成为朝廷重臣和仁者贤人的聚居之区。

自元以后，至于明清，城北之什刹海，与几乎在地理方位上相对应的城南之宣南地区，逐渐形成了文士学者、诗人骚客自然集中的区域，学风所向，引领天下。

什刹海之"什"，有以"十"来表的，言者更强调其数量，并往往亮出"十座"庙宇（"刹"），比如什刹海寺、净业寺、广化寺、龙华寺、慈恩寺以及汇通祠、火神庙、关帝庙、广福观等名号来解。

上一说法，历来有学者主张非是。理由是：将佛家的寺，与道家的庙、观，混为一数列，属牵强。实际上在后海西北角上，明万历年间曾建有一座庙："什刹海寺"，《帝京景物略》中称此寺"京师梵宇，莫什刹海若者"。因为它远近无比，所以周围海子取名，也就以其名为名。

什刹海，当地老人读时，亦有多用"什刹（窖，音 jiào）

元代什刹海一带区坊示意图

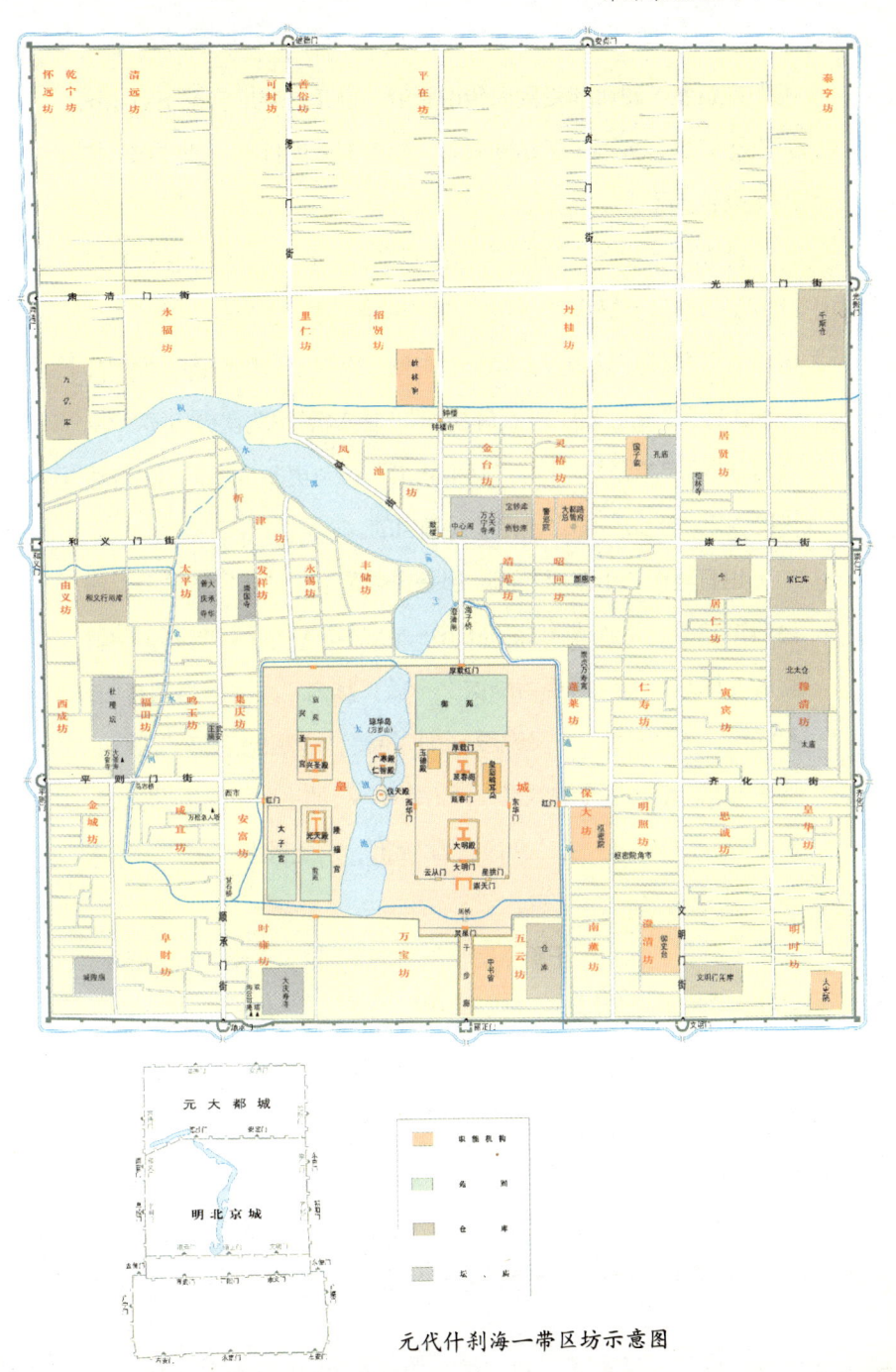

海"之音者,也可能受民间传说影响,说是这块地曾掘出财主沈万三十"窖"金银,于是勃兴焉。随着时间的推移,取"窖"音的越来越少了。

什刹海,也不乏写作"十岔海"者。看一下区域地图,周围胡同肌理确是七横八岔,名称上叫"斜街"的,如"烟袋斜街""白米斜街""马尾巴斜街",实际上东倒西歪以"斜"行的,如"鼓楼西大街""一溜河沿""石碑胡同""甘水桥""北官房胡同""南官房胡同""羊角灯胡同""马王庙街"……更多。"岔"来"岔"去的,以"十岔"称之,自然很确当的。

也有写作"十汊海"的,那是更看重了它"水"的成分。清会典馆总纂、诗人端木埰(1816—1887年)的《碧瀣词》中就有题《绿意·十汊河观荷醵饮》一首,其内"人生乐事知音聚,漫惆怅,萍踪南北","又晚霞,添助诗情,柳外断红涵碧"数句,吟后难忘。他这里称的就是"十汊海"。又,他这里用的是"醵饮",醵,音jù,《礼记》注:"合钱饮酒为醵",由此看来"众筹""AA制",古已有之。

更有甚者,人家干脆就写"石闸海",除了"海"字保留外,其他二字随意:《晓起至石闸海看荷花……》这是他诗题的开头,说是他赏花路过一户宅第,其主人并不相识,但请他坐进水轩置酒款谈,于是他"赋诗谢之"。诗中一些句子极是动人:"地安门外千石陂,压地红云不见水"——荷花满地竟成此阵势!"最胜桥东第一宅,青衣拨关出延客"——这宅子应是离作者所居不远啊。"我愿尽忘眼耳鼻舌色香味,并忘冰天与伏日"——得与投契者相谈，一下子宠辱皆忘，四时皆忘！说起来这"更有甚者"的诗人，还就是住在什刹海白米斜街，不是别人，大名鼎鼎的张之洞！

诗人在这一带盘桓，会对一些胡同名怦然心动。

百花深处。新街口南大街路东。说明万历年张姓老者在此营园，叠石，浚池，修亭，莲藕花木纷繁，士人游赏络绎。

杏花天。地安门外大街路东。窄巷不通，但人说是清末巷西口曾有酒作坊，每春日辄取玉河边杏花落英入酿，遂使酒色泛红，芳馨远溢，于是以"杏花天"名之。

花枝胡同。德胜门内大街路西。因为它的东邻是恭王府、庆王府等，"花枝招展"是必然的。陈宗蕃《燕都丛考》中说，它曾叫"花针胡同"，音相近，从俗改。

棠花胡同。鼓楼西大街路南。清末聚专制关东糖的作坊，以"糖房胡同"称。儿谣有"……毛家湾，扎根刺，过去就是护国寺；护国寺，卖大斗，过去就是新街口；新街口，卖大糖，过去就是蒋养房……"这就靠近棠花胡同了。"糖房"改"棠花"，雅化。

百花深处胡同

杏花天胡同

千竿胡同。连通前海西街至三座桥胡同。"好竹千竿翠,新泉一勺冰。"陆游名句带给人美妙的诗境。其实此地原为明嘉靖时训练箭射之所,由"箭杆胡同"演化来。

藕芽胡同。西起西棉花胡同,曲折拐至护国寺街。这里紧邻着护国寺的"西廊下",闹中取静,极尽曲折。胡同内坐西朝东的一座砖雕如意门,精湛异常。

藕芽胡同内的砖雕门

柳荫街,青柳巷,松树街,椿树胡同。人与树亲耳。

玉芙胡同,由"玉佛寺"转来。碧峰胡同,由碧峰寺转来。清秀巷,由"清虚观"转来。

小说家来到这里,自然会关注"小羊圈"。

小羊圈胡同。新街口南大街路西。现已改为"小杨家胡同"。《四世同堂》中老舍介绍了这地界的样貌:葫芦嘴、脖、胸、腰、肚,"胸"和"肚"大概就是羊圈吧。紧邻着它还有"大羊圈"(大杨家)。

东羊圈。德胜门内大街路东。由两条小巷组成,东西向宽约2米,南北向宽近5米,"嘟

小杨家胡同

噜"出来的这块地方拦上个栅栏就可养羊。今天它已并入了大街线内。

羊圈。地安门内大街路东，白米斜街南侧。百年前它就称羊圈，1965年整顿地名谐为"扬俭"，口小肚大，当年可能就养羊。

不大的地块上间插这许多羊圈，反映了食者的需求。

喜欢赶热闹的人寻到这里，可能被几个"大院"所吸引。

天汇大院。地安门外大街路东，后门桥以南。它南靠皇城，北有帽儿胡同的"步军统领衙门"，西接什刹海，清晚期皇亲在这里见人，官府来办事，游人找歇脚……它几进院落，档次高低，满足广泛的需要。这些年来它衰残而等待重整。

马良大院。地安门外大街路西，后门桥以南，与"天汇大院"斜对面。这里清代马姓回民曾建过个小的清真寺，后来聚集了众多买卖人家：做中药的，倒腾古玩的，一时热闹。今日它贴着什刹海的南沿残迹犹存。

麻花大院。德胜门内大街路西，麻花胡同。胡同里原有一座提督府，院落很大，民国时期当局在院中建起了无线电发射台——这家伙是个大钢架子，远看上去就如同一个麻花，所以老百姓就叫它麻花电台，整个院落也就被称为麻花大院。现已并入藕芽胡同。何香凝、梅益、侯宝林都曾住过这院。

乐家大院。前海西街的三座桥之南。这里原为恭王府的花园，民国时期著名的乐家老药铺买下了它，则有"乐家大院"之称。前海西街的郭沫若故居，三座桥胡同的王稼祥居所，千竿胡同的机关宿舍，都曾是"大院"的组成部分。

热衷于探奇的人在这块转，会想弄清楚"大翔凤""小翔凤"，"大金丝""小金丝"是咋一回事。

"大翔凤""小翔凤"胡同，实际上是"大墙缝""小墙缝"的雅化谐音。和珅建府（后来的恭王府），广占地，高垒墙，它曲曲弯弯的墙外所挤出的"墙缝"，就是这两条胡同。"大翔凤"内有作家丁玲的住宅。"小翔凤"内有奕䜣的"鉴园"，北窗眺后海恰如镜鉴。

"大金丝""小金丝"胡同，原来是叫"大金丝套""小金丝套"的略称，实际上是"大金丝绦""小金丝绦"的意思。绦，绦带；加入了金银丝线的贵重绦带，有大、小金丝绦。位于银锭桥南，北官房、南官房一带。这里原来是一片水，胡同建在水中的"岛链"上，如丝绦一般地抖动蜿蜒。故宫的单士元、翻译家杨宪益、学者熊十力、书法家赵朴初、诗人顾随等，住在这一地域。

犹记当年水面宽

以北京城的原皇城北城墙为界（今地安门东大街、西大街一线），什刹海（又称前海）、后海、积水潭（又称西海）统称为"外三海"；北海、中海、南海统称为"内三海"。"外三海"也有时以"什刹海"概称之，"内三海"的中海与南海往往以"中南海"概称。

今积水潭之北沿有积水潭桥，其地是已属明代北京城墙西北角"缺了一段"之所在；实际上，当初积水潭原是与城西北角的"太平湖"连成一片的，1966年8月老舍自沉之湖即此"太平"。随着水面渐小,以及太平湖地区"车辆段"的建设,积水潭往城西北角连属的水面"太平湖"消失了。

李东阳(1447—1510年),天顺间进士。他寓居什刹海西岸,自称"西涯",其《西涯杂咏十二首》中有《广福观》:"飞楼凌倒景,下照清彻底。时有步虚声,随风渡湖水。"广福观今在烟袋斜街路北,李诗几句,说明该观曾临水峙立。有元代史料说,元时广福观更是在一泓水中。

汪精卫庚戌年(1910年)埋弹炸摄政王,一般俗说是在银锭桥,因为银锭桥广为人知也。民国年间掌故家张次溪(1908—1968年)于1943年研考埋炸弹实地,成《北京庚戌桥史考》一文,结论是埋弹地点,乃在今宋庆龄故居东北,名"甘水桥"的小胡同中。依此亦可证,后海的水面百年前要往北边泛出不少,几达

广福观

今鼓楼西大街的路旁。

张次溪1943年完成《北京庚戌桥史考》一文,一时名流若李宣倜、龙沐勋、钱仲联、黄孝绰、徐肇瓔(乃张次溪夫人徐肇琼之姐妹,雅擅诗文)等赞文或题诗,其中还有"齐璜白石"《次溪仁弟命题近著〈北京庚戌桥史考〉》一首七律:

> 豫让施全逊此桥,贤王宽大胜前朝。
> 本来刺客无愁怨,何必人才付灭消。
> 大好良缘足千古,非常事业息群嚣。
> 道傍亦下英雄泪,眼底淙淙落海潮。

齐白石与张次溪

白石老人诗,他自选过,别人也辑录过,但这一首恐怕是失收的;或有一说:齐氏并不以"七律"为常格,此作工稳讲究,也有可能是别人(不排除是与齐老人交好的张次溪)代作的。

张中行(1909—2006年)有文《一溜河沿》(他以"一溜"表之,说地势东高西低,一"出溜"就可走过;地名机构后以"义溜"表之,让那个"忠义"的"义"字"溜"掉了,不解何意),他叙述20世纪三四十年代住居附近的情况是:胡同沿水滨,其南其西并没有多少房屋,

银锭桥以东三家铺子：烤肉季、小楼杨、爆肚张，都是居"路南紧靠水边"。行公此文说明什刹海东北角一带水面也相当漫泛。

张中行又有题《广化寺》一文，开笔就说："……寺前（南面）有守门双石狮和红色大照壁；如果没有这个照壁，就正好面对着后海。"

张中行

"照壁之外是空地，有两层楼高的土丘，土丘之东有两个水池。"

"如果借周围景色来吹嘘，说是《城市山林》也不能算妄语。"

行公几语，把今广化寺前几座住居宅院"抹"掉了。

啊哈！这地界当年不过是土丘和水池。旧有成说"宁住庙前，不住庙后"，"宁住庙左，不住庙右"，中行先生恰居"庙右"，但他坦坦然不以为意。

张中行是久住什刹海几十年的人，他亲历亲见，所言绝对权威。当然他也不是"孤证"。京华掌故大家金受申（1906—1968年）家住安定门，往西去什刹海或办事或游赏也是常事。他在《北平历史上平民游赏地记略》一文中也写到广化寺，小段落是：

金受申

广化寺前海岸边，有一处佃农住宅，茅屋数椽，背堤面水，围以短墙竹篱，四周种植高柳，墙外堆积稻草，屋顶晒晾鱼罾，篱上引有蔓生花草，门前柳下系几只小船，屋后隔以小河，通以板桥。离住宅近的海内种荷，远一点种稻，极西端丛生芦草，堤种植桑麻，极似一幅《江村晚舍图》。我每次由此经过，必徘徊不肯就走。

金夫子这里比张夫子要细致得多。说寺前茅屋"背堤面水"，这"堤"无疑是张文中所说广化寺照壁之外"两层楼高的土丘"。又说这茅屋到广化寺之间还"隔以小河，通以板桥"，那就更可以想见广化寺前海水直漾到何处。

今日广化寺早已无复旧貌，是一个佛教什么机构所在，人员杂沓，香火缭绕，录音机播放的诵经音乐在庙内外不绝于耳。各色乞讨者喜欢麇集于辉煌的大门口以至通红的照壁前求待"善心"赏赐。在这里稍停，脑海中会闪出张夫子、金夫子文章里的一些字句；更会想到，约是一百年前吧，鲁迅先生做北洋政府教育部佥事（相当于"科长"），是往这里（广化寺辟为"京师图书馆"）"跑断了腿"的。得暇，翻《鲁迅日记》：

上午同司长并本部同事四人往图书馆……阅毕偕齐寿山游什刹海，饭于集贤楼（按：应为"会贤堂"，鲁迅初到北京，凭印象记名，尚未准确），下午四时始回寓。

(1912年8月20日)

……偕稻孙步至什刹海饮茗,又步至杨家园子买蒲陶(按:即葡萄),即在棚下啖之,迨回邑馆已五时三十分。

(1912年9月5日)

午后同夏司长赴图书馆,又步什刹海半周而归。

(1913年5月16日)

金受申的《江村晚舍图》萦绕脑际而不可去,且无餍足,于是我生出在金文中再寻出一幅什么"图"的想法。——好的,有啦。还是在《北平历史上平民游赏地记略》中:

后海南岸那一段河渠,到李广桥转弯处谓之"杨柳湾",北京市内河流,只此一段像野外。河南为金氏花园后墙,土垣剥落,杂花野草丛生,衬着两岸杨柳和堤上所晒渔网,谁也看不出是城内风景的。

这里是另一幅"图"——我们姑且命之曰《杨柳渔湾图》吧(当然这是由我后取的)。为了说明这一"图",必须连及说一些水域知识。当年,从积水潭经德胜桥,在后海南岸的陆地上,还有一条流向东南的河,是为往皇宫里供水的河,名曰"月牙河",当它流经今"柳荫街"北口的时候,过一座叫"李广桥"的桥,然后傍着恭王府的西墙继续东南流,过"三座桥"(又名"三转桥"),在今"什刹海体育场"(荷花市场后,郭沫若故居前)的地段又形成一个"右海"(后文会说及,也有人因为它是在郭沫若故居〈原恭王府马厩〉前的,称之为"恭王府洗马坑"),有河道跨过"压"上了皇城北墙的"西压桥"(今北海后门附近,对应着"东不压桥"),流入了"内三海"。

金受申的《江村晚舍图》(广化寺,他取题)与《杨柳渔湾图》(李广桥,代拟题)很值得珍重。根据他的描述,画家、设计家都可"情景再现"。当我在写这篇笔记的这几天,2018年1月初从北京市西城区人民代表大会上传来消息:将启动积水潭湿地公园的建设,将硬质垂直护岸改为植物缓坡,沿河种植芦苇群落和菖蒲群落,还将在北岸复建一处古码头,等等。想当年,不只是积水潭,连"外三海"都是土质草坡的呀。历史走了回头路,但使我们增长了经验教训。建湿地,水留多少,"干"与"湿"什么关系,动、植物搭配……是一个专门学问,作为外行且不置喙,但金先生文字记录的上述二图,绝对可以成为"外景设计"的重要参考。

前边提到了什刹海的"右海",现在这里来交代。翁偶虹(1910—1994年)《消夏四胜》记叙了什刹海西堤上的荷花市场:

……茶棚在靠北的一段堤上,东西排列。东边靠着左海，海塘广莳荷花，香远益清，茶资高些。右海无荷，芦苇丛生，输却一香，茶资低些。茶棚都是广袤的伸入海塘，上搪木板，如坐水上。清风拂水，凉气袭人；夹有荷香，沁人心脾。

翁偶虹

翁先生接着详述在这儿卖"冰糖子儿"的老人，冰镇的河鲜，现做现烙的油酥细饼，羊肉豆腐脑，莲子粥，以及拉洋片的、变戏法的、说相声的、练武术的等"诸般杂艺"，现在当然没有篇幅再引，但至今读来还是心向往之。

翁先生设位于长堤，面向南边，"左海"即今什刹海，"右海"即今"什刹海体育场"一带。

关于这"右海"，我们还可以补充一个例证以更丰富地说明：孔庆普，1928年生，北京市建设局市政工程处总工程师，著有《北京城里的牌楼》《北京的城楼与牌楼结构考察》《城：我与北京的八十年》等。

在《城：我与北京的八十年》之中，《一九四九年到一九五〇年》一段，他有关于"三海和四海清淤工程"的回忆。1950年初，国家政务院批准北京市政府湖泊清淤工程计划，三海（北海、中海、南海）清淤由杨尚昆任总指挥，汪东兴任副总

荷花市场风情画

指挥。而市属的"四海"（积水潭、后海、什刹海、西小海）的清淤指挥部，由北京市建设局负责；这里的"西小海"，即翁偶虹所说之"右海"，或者被俗称为"恭王府洗马坑"的那块水泡子。

20世纪50年代，尚为小学生的我曾去荷花市场，也记得它的西边还是一片水塘。大约是1958年以后，"大跃进"，填平了池塘，建起了"什刹海体育场"这一片建筑，记得还在其中看过电影。"什刹海体育场"确实为国家培养了不少"健将""冠军"，但现在想起减少了一大块水面，还是挺遗憾的。

顺便亦应交代：当积水潭、后海进行清淤时，对德胜桥，"月牙河"上的李广桥、三座桥，进行了修缮或拆除，"月牙河"改成了暗沟。

说到这儿，我们可以小结一句了：在"外三海"的东（一溜河沿）、西（太平湖）、南（从李广桥到西压桥）、北（广福观、广化寺、甘水桥），原是有更为宽阔的水面的。换句话说：原来"外三海"的水域，比今天这局面是要大许多的。此话空说没有力量，我们列举了上述凿凿史证来说明。

当我把这一节结尾的时候,因为有近交看到前引的金受申两段文章,叹为"妙文""稀见",于是我便生出再增两条金氏文以飨读友的想法。

乙丑年七月十五日:

……道出十刹海,时已夕阳斜挂,游人驻足,荷香四溢,柳雾蔽天,于北岸购《红楼梦》一部……穿后海而回,月已东升矣,湖波浩渺,兼葭秋水触目,前游顿增感喟。卧柳平桥,尽有吾辈足迹,于今苔藓增花,旧迹难寻矣……

乙丑年十一月初十日:

……作积水潭之游。潭水结冰,一白千顷,松楸落叶。湖山胜地,惜未能于夏秋之间与玉人同泛采莲舟也。至后海檄……海中团瓢、楼台一例荒凉,更无高下之别,洵乐事也。

积水潭结冰,一白千顷

不错,这就是来自金受申的日记。乙丑,1925年,此年金氏二十岁;少年老成,令今人感佩的文笔!

跟随翁同龢游什刹海

他道光十年(1830年)诞生,同治四年(1865年)三十五岁时开始担任同治帝师,至同治十三年(1875年)同治帝病逝。接着,他光绪元年(1875年)开始担任光绪帝师,直至光绪十五年(1889年)光绪帝亲政后,他仍旧是毓庆宫上书房的重要谋臣,直至光绪二十三年(1897年)他六十七岁时被慈禧逐走回乡。

翁同龢

他,就是晚清两代帝师翁同龢。

看《翁文恭日记》,是一个很丰富的阅读享受。他曾住宣武门外南横街,又曾住东单头条胡同,往来紫禁城不用说,还经常到后海北岸的奕䜣的恭王府与奕劻的庆王府去议事,这就必然加多了他去什刹海的次数。还有,他的父亲翁心存,也曾任上书房总师傅,是道光、咸丰两朝重臣,病故后入祀什刹海前边的贤良祠,他去给父亲的牌位行跪拜礼,也要途经什刹海。所以他几次想靠城北一带买房,只是诸多原因未能实现。在《翁文恭日记》中,留心他关于什刹海的片段记录,就等于我们跟随翁同龢的脚步一游旧地——

同治七年(1868年)六月十二日:
傍晚游什刹海,略有荷花,风景极佳。因乘兴访积水潭。高庙潭废为田矣。登楼凭眺,归时月上矣。

同治八年(1869年)六月二十六日:
偕震甫同邀什刹海,步及堤南,风景尤胜,荷花万柄,非复尘境矣!

光绪四年(1878年)六月二十八日:
万寿节,不入直,五更起,黎明诣后湖观荷,而雷电从东来,小舟荡漾甚凉,入广化寺避雨……

光绪五年(1879年)六月二十八日:
……黎明再挈斌孙游后湖,秦家花园,泛舟,微雨,持盖而坐……

光绪六年(1880年)七月初七:
诣什刹海秦氏园良久,孙子授来,同泛舟荷花中,风景清绝。入广化寺……

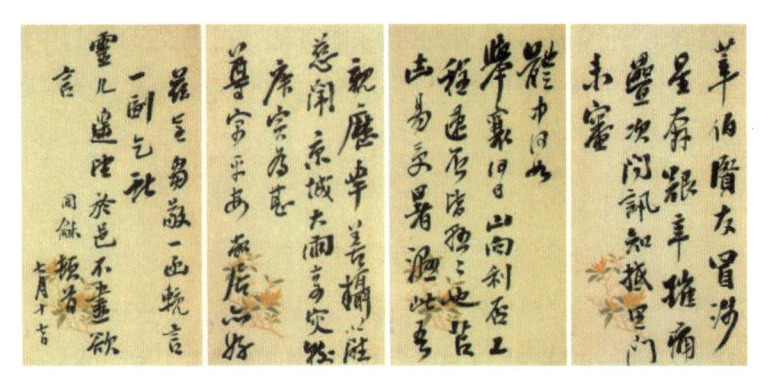

翁同龢信札

光绪十二年（1886年）七月初九：

归至高庙，登高阁小坐。又过秦氏种荷处，坐叶舟入花深处，颇适。时阴云将合，闻南天轻雷，归来入巷雨作，仆辈沾湿，顷刻放晴。

以上所引，侧重了今日逛什刹海大多只重看看风景的好尚；其实，翁同龢之日记，也绝不少关于政治、经济方面的大事的。下面简述二例：

其一，"咸丰十年（1860年）八月初四"翁记："羁英夷通事巴夏礼等下刑部狱。时论欲立斩巴夏礼。""八月十五日"又记："巴夏礼从狱释出，馆之高庙。"

原来，1860年英法联军侵入北京，英军统帅巴夏礼就曾被拘在积水潭南岸的"高庙"的。它正名普济寺，因地据南岸高地，故俗呼"高庙"。寺坐西朝东，后罩楼曾被誉为"日下第一楼"。

巴夏礼被关进高庙的事，傅增湘曾详记之，载入郭则沄主编的《知寒轩谭荟》第 63 则：《清载垣等锁拿英官巴夏礼》。前边行文关于青龙桥东部园区的文章，提到了这件事，读者恰可以对照来读。谁知道，也就是被拘高庙期间，巴夏礼策划了火烧圆明园的罪恶行径。今日高庙已成为"文化创意园"，不知道出出进进的文化人们，还记得这段历史吗。

其二，"光绪六年（1880年）六月初十"翁记："……商量沟渠河道事……吾谓去积水潭私种稻之土埂，则西城根积潦自消……"这两句话极应引起重视。积水潭边上，势力人家，堆土做埂，分水种稻，不只使水面缩小，而且造成阻水向西皇城根漫泛。翁同龢的主张是：去除"填湖造田"，恢复自然生态。这无疑是具有科学性与远见卓识的。翁过后的百多年来，我们"填湖"的举动总的来说是有增无减，所造成的损失智者当然是清楚的。

老舍笔下的什刹海

在我写上边这些文字的时候，一瞥之间，看到我书柜中的老舍《正红旗下》（手稿影印），老舍妈妈家在太平湖北，他生在什刹海西的"小羊圈"，他二十岁出头担任北京北郊（德胜门外）的"劝学员"……他最后走向的太平湖。老舍与什刹海有如此深厚的关系！那么，老舍有没有写过什刹海呢？——倘若有又是如何写的呢？

有了。《正红旗下》手稿 P99：

《正红旗下》手稿

他们走得很快，不大会儿就到了积水滩。这里很清静，苇塘边上只有两三个钓鱼的，都一声不出。两个小儿跑来，又追着一只蜻蜓跑去。二哥找了块石头坐下，擦着头上的汗，十成在一旁蹲下，呆视着微动的苇叶。

——这是老舍1962年的文笔，他最后的一部创作。往回找，老舍1926年的文笔，他的第一本小说《老张的哲学》：

到了德胜桥。西边一湾绿水，缓缓的从净业湖向东流来，两岸青石上几个赤足的小孩子，低着头，持着长细的竹竿钓那水里的小麦穗鱼。桥东一片荷塘，岸际围着青青的芦苇。几只白鹭，静静的立在绿荷丛中，幽美而残忍的，等候着劫夺来往的小鱼。北岸上一片绿瓦高阁，清摄政王的府邸，依旧存着天潢贵胄的尊严气象。一阵阵的南风，吹着岸上的垂杨，池中的绿盖，摇成一片无可分析的绿浪，香柔柔的震荡着诗意。

——年轻的老舍，不到三十岁，身处异邦，但心中震荡着什刹海香柔柔的诗意。

1927年，老舍又一部小说《赵子曰》：

那娇嫩的刚变好的小蜻蜓，也有黄的，也有绿的，从净业湖而后海而什刹海而北海而南海，一路弯着小尾巴在水皮儿上一点一点；好像北京是一首诗，他们在绿波上点着诗的句读。净业湖畔的深绿肥大的蒲子，拔着金黄色的蒲棒儿，迎着风一摇一摇的替浪声击着拍节。什刹海中的嫩荷叶，卷着的像卷着一些幽情，放开的像给诗人托出一小碟诗料。

——老舍的什刹海，溢满了诗情，他在上一部小说里未写尽，这一部中接着来。

从左至右：华罗庚、老舍、梁思成、梅兰芳在1954年

往后找，1945年，老舍最长的小说《四世同堂》：

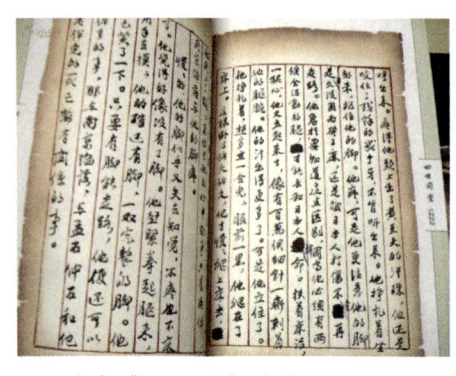

老舍《四世同堂》手稿

> 什刹海周围几乎没有什么行人。除了远远的，随着风传来的，电车的铃声，他听不到任何的声响。海中的菱角，鸡头米与荷花，已全只剩了一些残破的叶子，在水上漂着或立着，水边上柳树的叶子已很稀少，而且多半变成黄的了。在水心里，立着一只像雕刻的，一动也不动的白鹭。海的秋意，好像在白鹭身上找到了集中点，它是那么静，那么白，那么幽独凄惨。

——1926年他笔底荷塘、白鹭的形象，二十年后重又浮现。孤立的白鹭，静寂而凄绝，几乎可视为老舍的自况。

老舍笔下的什刹海，翻不少书我们找如上四段。老舍是什刹海的儿子，老舍是什刹海的知音。吟哦以上四段，对什刹海的状貌，我们更会了解；对什刹海的心思，我们更会沟通。

对了，老舍所写的小蜻蜓，"弯着小尾巴在水皮儿上一点一点"，好像"在绿波上点着诗的句读"；我以上这关于什刹海的随笔，不是恰如"一点一点"，浅尝辄止，点水而飞的蜻蜓吗，索性就以《什刹蜻蜓款款飞》为题吧。

我家就在岸上住

纵跨"玉河"的"后门桥"

汉白玉结实不结实?结实!但几百年下来,风吹日晒雨淋沙打,它愣会卸掉溜滑其表,显露麻糙其里,坑坑坎坎,黑筋暴出,几乎成一截斑斑驳驳的老木!

哪里有这般模样的汉白玉?

——后门桥。

后门桥

后门桥镇水兽旧影

桥两侧三四十档的桥栏柱，大约有一半是原装的，有一半是后配的，后配的溜溜滑滑，而原装的则是麻麻糙糙。每每走过后门桥头，我都不由得停下脚步，"溜滑"旁边倒无所多顾，"麻糙"面前却要观望久之，端详它的苍颜，一遍又一遍摩挲它的坑凹，它的筋脉……咳，天杀的大自然的刀与刷，竟把你磨蚀得这般模样！

后门桥，实际上是它的俗称，小名。人家原名本是海子桥（什刹海元代称海子），后来官称是万宁桥。因为皇城的北门为地安门，俗称后门（皇城的南门是天安门，而不是前门），而万宁桥恰在后门之外，所以叫它后门桥是其来有自的。

站在后门桥上，东张张，西望望：什刹海的水波光粼粼，静静地自西淌来；横穿过脚下古桥的涵闸，从紧趴在两岸的镇水兽的眼皮底下通过"安检"；波纹荡漾着向东流，岸树水草葱茏，在约百米远的地方弯向南去……下桥头逐水而行，到拐弯处再往南走百十米又遇一座古桥——东不压桥（今地安门东大街上，2000年前后整修河道让它重现残身）。

打开北京的老地图，从后门桥，到东不压桥，可见一道先向东，后偏东南的绿幽幽的水线。后门桥以东的水道有点像马的尾巴，它悠然自如地一甩，留下了皇城正北，向东而南的这条潇洒

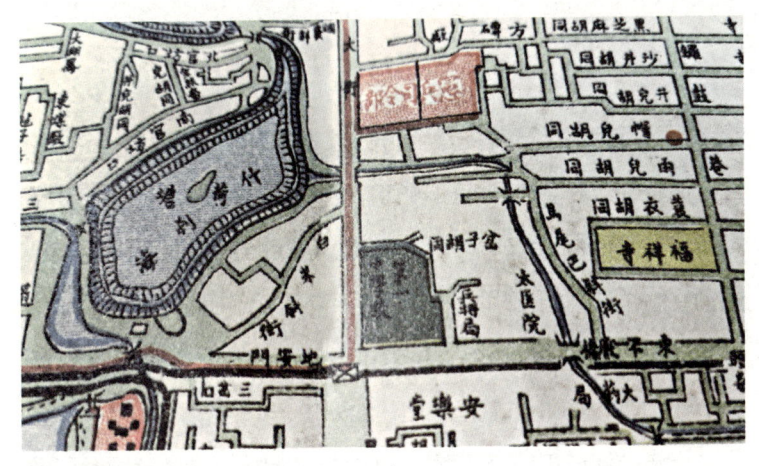

后门桥及其东的河道（20世纪30年代）

的弧线。其实，后门桥以下的这条河，在老北京的城圈之内，历史上是曾称过御河、御沟、玉河、金河，以至"金沟河"的，元代进士杨载不就有"金沟河上始通流，海子桥边系客舟"的诗句吗。

后门桥东河道上的胡同，清代曾叫"马尾巴斜街"，1949年前后改为"后门桥河沿胡同"，在1965年重理地名，又改为了"东不压桥胡同"。其实这是欠思考的："后门桥"居上游，"东不压桥"居下游，命名一般取居于首者；"后门桥"名气大，"东不压桥"则次之（不是至今还有人期期艾艾称"东不拉桥"吗），命名一般取名更著者。

今天在东不压桥胡同走一遭，胡同口无铭牌，胡同尾倒有一个，胡同中间的门户牌，也就只有三四个。每当在这一带盘桓，我的思绪，往往禁不住回到了半个多世纪前的"后门桥河沿胡同"的时代……

后门桥河沿胡同

后门桥河沿胡同首先是个居住区。两岸住房相连属,宅户门尽对河开,蒸腾着热烈的民居气、生活气。从后门桥往下,于粪场大院、拐棒胡同北口,有一座无名的木桥,踩在上面吱嘎作响、颤颤悠悠,通向帽儿胡同;河道南拐之后,于拐棒胡同东口,有一座无名的砖石桥,通向雨儿胡同(今天已翻修成汉白玉的"雨儿桥"了);再往下去就是曾埋在地下的东不压桥了。

当年的河道不算窄,即使是枯水时节也保持有一两丈宽,绝没有今日在不少地方遇见的水止一线、迈步可过的样子;也不宽,水盛的时候两岸相隔五六丈吧,站在河对岸喊话也完全听得见。河两岸是缓缓的自然土坡(今日愈来愈少见这种土坡了,净是楞

雨儿桥

角直切的水泥堤岸),松土上长满了杂草野花:叶片细长的兔兔草,缠人腿脚的蒺藜狗子,小女子染指甲的凤仙,迎着晨风可劲鼓吹的喇叭花,高出众草们一大截的雄赳赳的狗尾巴草,间或还有娇羞浓艳的美人蕉。河坡的下沿微漾着轻荡的流水,人们可以随意地到河坡上遛一遛。"常在河边走,哪有不湿鞋"是当今人们常做比喻的一句话,而当你在河沿边蹚一脚泥的时候,就会体悟了这句话的本初况味。

七月下,八月上,北京多雨。眼瞅着河水一寸高一寸地涨上来,不长时间把岸坡都淹没了,漾到两岸的路边边,涌涌荡荡地下行。若赶上三海(西海、后海、什刹海,旧称"外三海")水满,万宁桥提闸放水,那么整个河道中波追浪打的劲头儿就会更足。这当儿你在岸上走,看泱泱水光奔来眼底,又浮浮晃晃地涌向前方,你或许会不由得兴头儿起,扯嗓子来声:"一条大河波浪宽……"不用说,还真有几分那么个意思!

我家就在岸上住。

河沿胡同甲 10 号

我家就在岸上住。

1944 年,父亲杨伯仁在后门桥河沿胡同买了处住房,举家从鼓楼东宝钞胡同内的小经厂迁到了这里。那一年,我二哥刚刚一岁(他是生于小经厂,靠这些,我们才记得住年份),我第二年出生。这宅子西距后门桥一百米,位于河的南岸,大门离水边三四丈远,"马尾巴"开始亮出个优雅的弧线的前端,门牌是"河沿胡同甲10"号(后来整顿地名,变成了"东不压桥23号")。父亲是学医的,他的买卖是"大生药房",就在后门桥桥南路东,紧靠着驰名的"天汇大院"的西口。置办了这一住所,又赶上不多时小日本就投降了,父亲壮心在怀。膝下一大帮子儿女(到我已是三男二女,我后面又两个弟弟,总起为五男二女),父亲卖药、看病一身担,决心把事业干好。住家离得近,自会利于经营事业,照拂家小。

"甲10号"是暗红色的大漆

东不压桥23号

木门,门下部对嵌着密布钉头的葫芦形厚铁护,门槛横卧在门礅与门板之间——在我们这些孩子们的眼里,这门槛是又长又厚又沉。面向着大门看,门框左上角是蓝底白字的"河沿胡同甲10号"门牌,门框的右上角镶一块长方形苍绿色的木板,其上父亲隶书"杨宅"两字,黑漆沉着,笔道间有隐隐的漆裂纹(断断乎没有今日常见的赤红底塑金字"李府""张府"那般地招人眼目)。

进大门,过门道,西屋的北山墙兼作内影壁,其下围一长方形花池,种着几排玉簪花。其叶碧绿,其花雪白,有一股幽远的清香味。母亲喜欢将那含苞欲放的花簪插在鬓角间,两个姐姐常常把玉簪花穿成一串,吊在胸前。门道左拐是湖绿色的四扇屏门,门上暗红斗方"中""正""和""平"楷书四字。进屏门就是庭院。北房五间,南房五间,东西厢房各二间。南北房通透的大玻璃窗,屋内有雕花的隔扇,粗壮的房梁,新奇的吊灯,进口的花砖地。南北房门对门铺着方砖甬路。东厢房门靠南,西厢房门靠北,门前也各有砖道连接中间的甬路。庭院中因而分成错落的四块土地。

香椿、枣树、丁香、葡萄架,还有盆栽的石榴与无花果,各得其处。早春香椿三五个日夜就会绽出紫檀红、翡翠绿的簇簇嫩芽来,夏末葡萄串串垂下来拉弯了藤蔓扫着孩子们的脑袋,入秋枣子们在阳光的照射下闪着斑斑光点……每一次采摘都是我们二、三、四、五兄弟四个的节日(大哥在外读书住校)。母亲会招呼我们把这些时鲜分成一堆堆,然后分别送给西邻9号的佩兴大哥(姓王,后面还会提到他)、10号的史大妈、韩大婶,东邻11号的赵姨,12号的金大妈(那时候门牌还是"顺排",未行"单双号")……还有河对面住的高炎、罗铮夫妇(城工部地下党老同志。高炎,原名郭健夫,1949年周作人回到北京,代表党组织去看望周的即是他;罗铮,时任"东四区一中心小学"即今"府学胡同小学"校长)。

我记忆尤深的是北房前的压水机。在机体的肚膛里灌上几舀子水,手压机柄把水从地底下"叫"上来,接着"咕""咕""咕"你就压吧,清冽的地下水"哗——"就流出来了。你压多长时间,水就流多少。那水总体上不堪入口(北京地面上的甜水井本来就少，今日大名鼎鼎的西城"福绥境"原来就是由"苦水井"谐音改的，而且这改名的主持者很可能不是北京人，因为他的发音也"走"了），主要是粗拉用：浇花种菜，涮洗衣物，酷暑凉镇西瓜，严冬院内泼条冰道……特别是街门口的行路，绝没有柏油铺也没有砖石砌，全靠人踏车碾压得瓷瓷实实的，但凡有点轻尘扬土，就要"清水泼街"。我们兄弟几个，都是抄家什比着泼街的积极分子。那年头这似乎是"取之不竭"的水啊，现而今写起来那"哗——"的水声犹在耳畔清亮地响，回忆恍若童话一般。我们兄弟几个，谁得了空儿都喜欢在压水机前操练一番，母亲也笑看我们争竞，因为这直接就消耗了几个顽劣小男童的折腾劲，还练得我们的胳膊硬邦邦的。

20世纪50年代，没有电视聒噪耳边，没有手机占着手眼，特别是，那时候的孩童没有那么多作业压在背上，我们挨着肩长大的这十多岁到十来岁的四个兄弟，吃饱了撑的，那就撒了欢地"野"呗！

河边野趣无极限

出了院门，我家北房的后墙山外，是一块方整的岸边地，一棵青春的白杨树茁茁成长；往东走，11号、12号、13号，方折尺般地拐进去是一块更大河岸，两棵古老的槐树在这里搭上了天棚，13号是当年可住客，又可歇马车的大车店；再往东又是一个折尺，已到了向南流的河边，住户少，地面旷，大树绿荫相连。

旧居门前的大树犹存，但房子已不是那房子了

近处的岸边，我们玩拽包（多美妙的活动！只可惜今天的孩子越来越少玩了）。大槐树下，是我们追闪腾挪玩"吊死鬼"（学名叫"尺蠖"）的地方——有女孩子来了，此则尤甚。更多的时候，我们在这里踢球：书包往两边一撂，当"球门"，胶皮的或者牛皮的，鼓梆梆的或者瘪塌塌的，大多时是属于"旧"的一个球踢起来，小伙伴们鞋飞袜秃噜，汗透衣衫。往往待暮色四合，各家门口大人探出了身子，招呼着孩子的小名儿，"该吃饭了！"这些残兵剩勇才恋恋不舍离开球场。球掉河里咋办？没事的！近，蹚水捞回来；远，找根棍钩回来；再远，扔石头把球"溅"回来（这其间大概是有流体力学的，我们当中数学最差的那位扔得最棒）……

虫虫们是我们最为亲近的、最可"肆无忌惮"的朋友。

水暖天温，岸坡上的花草摇曳腰肢鼓荡东风的时候，工蜂嗡嗡，觅向初绽的花朵。蚂蚱（它的大名称"蝗虫"，但孩子的小脑瓜里容易由此而联及"皇军"，所以愿意叫蚂蚱）是司空见惯，那种土黄色的小蚂蚱根本不用理，值得我们追逐的是三四寸长，披绿衣，大黄眼，双腿一蹦几尺远的"青格楞"。刀螂（即"螳螂"）是我们更欣赏的小生灵，它的小脑袋三角形，其上有敏锐的探丝，细长的脖颈高高扬起，折屈着的两条前腿如锯条，似镰刀，一副勇武的姿态。"螳螂捕蝉"，这真不是庄老师编的瞎话，一次我们在家门口的杨树干上，眼盯盯看着一只螳螂钳咬住正在嘶鸣的蝉儿，孤注全力，不稍懈怠，直至那蝉儿声竭气断……整个过程大约有不到一节课吧，但这比老师上课要有趣味得多。

入夏后的河坡简直是蛐蛐（古名儿"促织"，学名"蟋蟀"，蛐蛐若读如"区区"已属外道，北京孩子是称"蛐蛐儿"〈尾音近乎'丘'字的〉）的天堂，草根旁、断瓦下是它们的居所，堤岸侧、砖缝中是它们的洞穴，它们靠双翅摩擦发出乐声，水汽氤氲的河两岸跃动着它们的多音部合唱。隔得远远的，仅凭声音我们就能分辨出谁是"油葫芦"（尾音近乎"鲁"字），谁是"老米嘴"，即使都是蛐蛐，我们也能因了声音的不同而大致判出哪个"老绷"，哪个"嫩绰"。

粘唧鸟（即蝉，也有写"季鸟儿"的）是我们的拿手好戏。眼准——竿长——胶黏——手稳这四大"必杀技"在身，我们在河边树下绕一圈，五六个、七八个战利品就囚在手边的小笼子里了，这时候唧鸟儿的叫声喑喑哑哑，再也没有刚才那种凌高枝扯大嗓目中无物喋喋不休的讨厌劲了。

齐白石笔下的知了

　　和虫虫们玩，我这里稍为详细点说捉蜻蜓。蜻蜓，这是个双音词，同构如蚂蚁、蛐蜒、蟾蜍、蚱蜢、蜣螂、螃蟹，等等，两个字合在一起表示一个概念，一般拆开来一个字用是不合规范的。你说我是"蚂坊""蛐路""螃宫"都是不通的。北京南二环有座什么"蜓桥"，沿用几十年了，实际上破了规矩。这几句是题外话，回过来说捉蜻蜓。蜻蜓，北京孩子们叫它"老琉璃"。"虫虫"怎么跟"玉玉"沾上边了呢？似乎是没有人做过解释；我猜想这是和蜻蜓的大脑门亮亮的、大眼睛闪闪的，与金碧辉煌的琉璃有些仿佛相关。下雨之前，气压很低，老琉璃们就爱贴着草尖、甚至水皮上飞，结群而来成一壮阵，你或许杞人忧天般地担心它翅膀扇上翅膀。这是我们捉蜻蜓的最好时机。左手竹竿一截短绳上拴根草段，或者一朵野花，右手则持一把线绳编就的"老琉璃网"；

当左手的"招子"在蜻蜓阵中摇晃的时候,追逐伙伴者不乏其类,这当儿网罩扣下,几乎必有斩获。蜻蜓全身披绿的叫"老仔儿",尾巴上带斑斑蓝色的叫"老刚儿",艳红耀眼的叫"红秦椒",一黑到底的叫"黑老婆儿"……孩子跑得越欢,得胜的机会就越多。我们的嘴里也不会闲着,"红秦椒往北,这边是水,那边有鬼","黑老婆儿,洗脸不洗脖,再飞没脑壳",这一类的童谣为自己助兴,好像也震慑得对手乱了方寸……

今天再在河边遛弯,不用说蜻蜓难遇,蟋蟀稀闻,连最"皮实"的蝗虫类,得见一个也称得上是"艳遇"了。环境保护的效果,不用看忒多化学指标,只接触一下虫虫们的生态,大概能悟得许多的。

我记忆中犹然闪动着这一幕:数伏天,下大雨,河道里波追浪打翻翻涌涌。我家东边河对岸,路西有一座药王庙(那时已成了个大杂院),其内拉"排子车",做"窝脖儿"(低头用肩膀扛重物的搬运工)的一位刘老根儿,高高大大,肥肥实实,全身仅留个花布缝的大裤衩子,在水面上扑腾。上游漂下个大号西瓜皮,他抓过来扣在脑袋上,这样他追波逐浪的时候绿色斑斓"帽子"就随势起起伏伏。游到兴头儿上,他会倚住水流中的一棵树,或者把着桥边处的一根桩,亮嗓道:"我正在城楼观山景,耳听得城外乱纷纷……"

这当儿,追逐在两岸看热闹的孩子们,不高声地呼应"好——""好——"你还等什么呢?

最是"静境"难忘怀

千万别以为,当年河边上的"主旋律"是热闹——就如同现而今,什刹海、后门大街、南锣鼓巷,乌泱乌泱喧腾着人声喇叭响。现在难忘的,河边留在我梦境中的,是一片静境。

早起,水雾结成露珠,凝在垂挂在河边的柳叶上,风不动,水不摇,露珠由芝麻粒,积攒成黄豆粒,再充盈为珍珠一般,"扑忒儿""扑忒儿"坠落到水里,这细小的声音你几乎可以听得到。

傍晚,河岸边,我们小院的上空,雨燕翔集,它们忽高忽低地盘旋,夕阳的照射下,你看得见它们尖尖的小嘴,泛蓝的羽毛,它们的所谓"呢喃",不过是短促的、尖利的"吱""吱"声——也可能,这其中声调与长短的变化,是它们谈情说爱的语言。

晚饭之后,我们几个孩子坐在院子里,门灯下面闲聊,看小人书。红门框绿窗纱上,蝎拉虎子(壁虎)悄悄地现身,纹丝不动地守候着,守候着,只待那什么蚊虫一落定,"虎子"会"唰"一下出击,它动作所挟持的风声,你无论如何会感觉到。

当你已躺入被窝,昏昏欲睡之际——尤其是那北风嘶鸣的冬夜,一个小贩,由后门桥那边,"驴肉——""钱肉——"吆喝着逐渐近了,又吆喝着走向雨儿胡同那边。也有时是另一个小贩,"硬面——"两个字挤出,大概他要走好一段路,"饽饽——"上下唇张合所发出的音波,如一缕丝片在寒风中飘传,让你感觉,他已经向东不压桥拐去了……

说这里是"静境",可以举一件事来说明。

老北京风情画

一天午后,一位瘦削的老者,穿布衣,着布履,手提一布袋,沿河边往西,朝后门桥方向走。他无人陪伴,路径不熟,误入了河边煤厂的院内。

"瞎啦?你给我出去!"一声浓重京东口音的断喝,朝这老者吼去。

远远的,后门桥头上修自行车的张大爷,都被这吼声惊住了。

布衣老者忙回转,朝煤场主人"京东口音"低首赔不是,讪讪地退出去。

张大爷过来教训场主说:你知道你吼的是谁吗?他是"真龙天子",溥仪!要赶上过去,你这脑壳非"咔嚓"了不可!

原来，后门桥河沿胡同9号住的王佩兴（前边不是提到过吗），他奶奶曾是宫里溥仪的奶母；溥仪做了"公民"之后，不忘旧恩，抓工夫到奶母家看看，才有了这次遭际。

看，就是这样，东头一嗓子，远西头就听见。你说这"静境"到什么份儿？

2006年，也就是我们家老宅存世一个甲子之后，地方上说要给这河边做"绿化景观"，河两岸的老住户都腾让了。我们家小院拆除时，小弟弟从涂写着"拆"字的围挡中，"抢"出了一百多块老屋地面的花砖，分给我们兄弟几人作为纪念。七八年后原址上未现"绿化"，倒是盖出了一套套高屋大瓦、增有地下建筑的四合院——只可惜临河的一面，竖着一道高高的灰砖墙，不复当初的人气了。我们今天得暇还会往这河边走一走，瞧一瞧，看它走向什么样。

"压"与"不压"两座桥

重新露面的东不压桥

从我家大门出来,往东走,再顺河沿往南拐,河两岸的土坡地更宽,岸坡与岸畔植被更丰富,路过左手边的雨儿胡同、福祥寺,右手边的拐棒胡同、口袋胡同,就到达著名的"东不压桥"了。

著名不著名,在孩子们心里是无关紧要的。反正是有个桥的大模样吧,走过去,是当时尚称为"东皇城根"的一条路,路南残存着原来皇城的北城墙——它许多段落留着半截子已褪光了红色的墙砖,更多的段落还明显存着旧有的墙基,只有少数段落被连根除掉:比如这东不压桥之所在,它西边的地安门两侧的通路口,它东边的"东皇城根"的通路口。其实严格说起来这里是皇城的北城墙所在,这里应该叫"北皇城根"的,但当时以地安门为界,其东叫"东皇城根",其西叫"西皇城根"。

东不压桥,有人说是建于元代,郭守敬当年开通城内的水路就有了,这应该说是历史。20世纪50年代,万宁桥流下的河道改成了"暗河"——即成为"盖板河",这东不压桥也就被"葬"入地下了,不见天日四十年。约2000年,修"平安大街"(因西端有"平安里"一地名,又对应着南边的"长安街"),也就是地安门东与西的原北皇城根外的那条路,曾掘深,见了东不压桥桥基的"真容":它在皇城北城墙西北边十多米处,深于地表约七八米,桥基东西方向,绵延十米左右,底部垫砌大石块,上边铺垒明代城砖,砖墙稍稍外撇略呈"八"字形,还留有明、清及民国时期修整过的痕迹……此后三四年,桥基处砖石、杂土堆积,一直是个"工地"样态,没想到复又填土盖平了!又过了十来年,2010年前后,重新"亮出"玉河的工程开始实施——先是"北段",即从万宁桥至东不压桥这一段,大概到2014年完工;后是"南段",即从东不压桥至东皇城根(原"北河")这一段,约2017年告成。到这时候,东不压桥的桥基你可以看到了;但遗憾的是,它仍旧被"在建工程"的围挡环绕着,新复建的一座"玉河庵",也只是"仿真建筑"一般的静寂而立。其实就今日的经济能力与施工能力来说,建个旧址、博物馆,不算什么难事;但"外壳"好建,"内容"难填——比如鼓楼的东

东不压桥基址

南,立起一座"时间博物馆",但十多年下来,其内展陈仍付阙如,开展依然遥遥无期!

往以后来说,东不压桥肯定会以一个更彰显的面貌呈现出来的。在玉河的整个流域上,它如此重要的地位,"埋没"了它几乎是不可想象的。我们且稍待吧,相信不用很长时间,东不压桥

玉河，河边建筑即"玉河庵"

会以更"历史"的面貌，更"现代"的展示，横亘在离地安门不远的大马路北侧。

一直被"压"着的西压桥

站在后门桥这个点上，面向南，设若也是面南一挂钟，伸出左臂约4点半方向，指的是东不压桥；伸出右臂，约7点半方向，指的是西压桥。后门桥一个点，东不压桥一个点，西压桥一个点，三点相连，几乎一个等腰三角形！桥之所在，是水之所流留下的脚迹。大自然的生花妙笔，大自然的鬼斧神工，往往给世上创出人们意想不到的布局，或者构图。

从横向来说，地安门居于北京的中轴线上，它的东部与西部，即原来皇城的北城墙；当民国十四年拆除了皇城的北城墙以后，地安门之东称"东黄城根"，之西称"西黄城根"（那时候很"革命"的，反封建，因讨厌那个"皇"字，遂取用同音的"黄"字）；是后来，我们建"平安大街"，把"东""西""黄城根"改称"地安门东大街"与"地安门西大街"；而"东黄城根"与"西黄城根"的称呼，则移给了原皇城的东城墙遗址处与西城墙遗址处。这个地名的推演说起来挺复杂，实际上是时代风云、政治取向变化的反映。今天我们回归历史，以客观的心态看待曾有的"皇"家，也并不排斥重唤"皇城根"的叫法；只是，从行政管理、户籍登录等具体操作方面成本很高，一时还难以付诸实行。

"东不压桥""西压桥"桥名辨

侯仁之主编《北京历史地图集》（2013年9月，文津出版社版）"政区城市卷"第82—83页有乾隆十五年（1750年）《清皇城》图，其上标地安门东、西两侧各是"东步粮桥""西步粮桥"。

同书"文化生态卷"第102—103页有《清代通惠河图》，其上标"东步粮桥""西步粮桥"。第104—105页有《侯仁之手绘清通惠河蓝图》，其上有手书"东步粮桥"。

同书"人文社会卷"第49页《明北京城内主要商业区》图，其上标地安门东侧有"布粮桥"，西侧未标（似乎也不好标）。其第62—63页《明北京城手工业》图，所标亦同上。其第167页《北京城内军事驻防》图，所标亦同上。

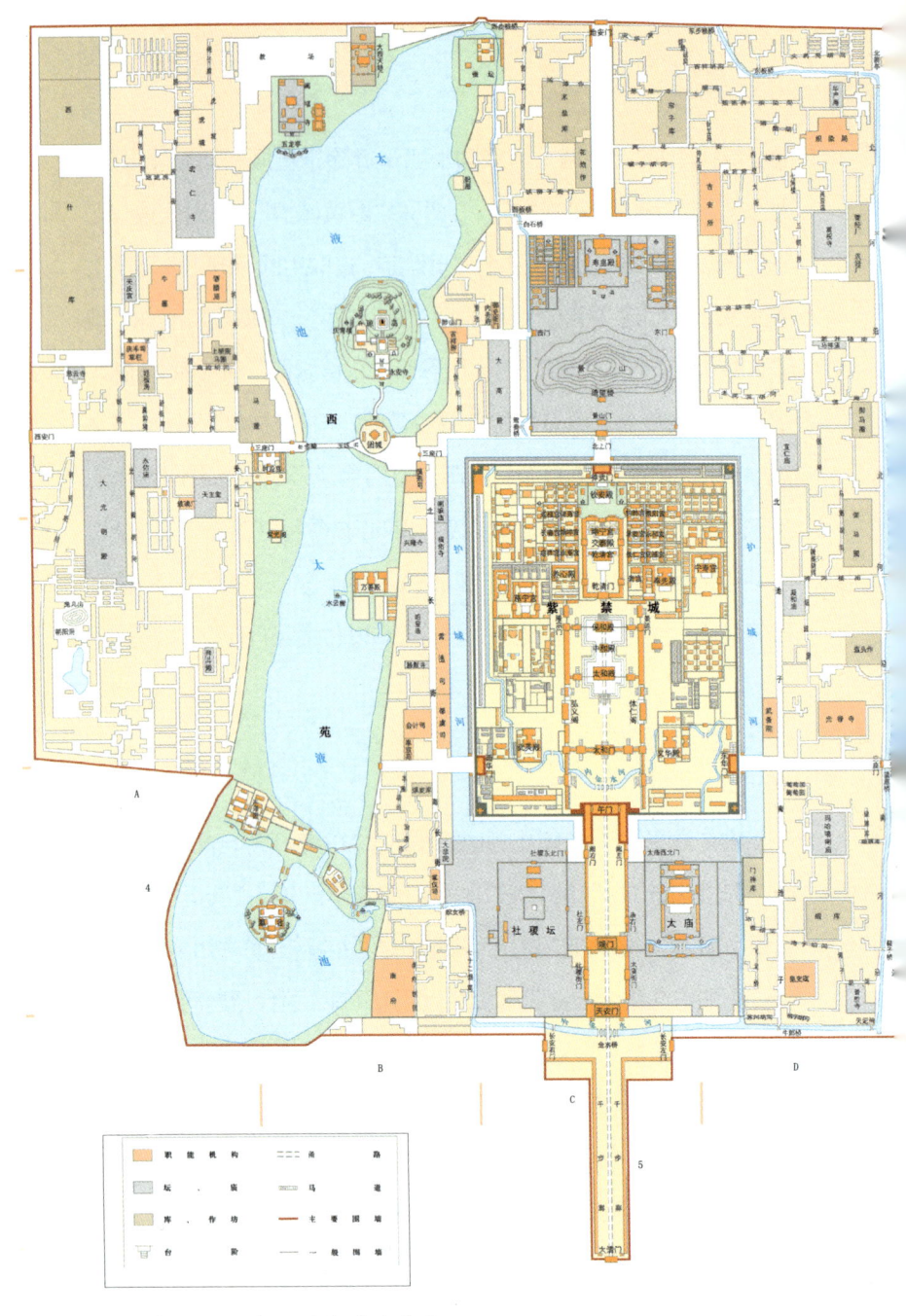

乾隆十五年（1750年）清皇城图

再往前找其他的书,清张吉午纂修《康熙顺天府志》中记:"东部粮桥""西部粮桥"。

清周家楣等修《光绪顺天府志》中记:"地安门外东城根,有东步粮桥。"

民国陈宗蕃撰《燕都丛考》,有"自地安门外大街以东,东不压桥以北……"句,又有"自地安门外循皇墙而西为西不压桥……"句。

奥林匹克出版社出版的《北京百科全书》(1990年12月)对"东不压桥"的解释是:

相传这里原有布匹、粮食市场,故称布粮桥,亦作步粮桥。因地安门西亦有一桥,故有东西步粮桥之称。

这里罗列了五种书证——当然实际上还很多,即使再找五十种也是可以办到的,要说明什么呢?

——"东不压桥"("西压桥")这几个字,头一字"东"(或"西")表方位,尾一字"桥"表性质,中间那两个字(或一个字),大概以同(或近)音字出之:不,步,部,部和压,粮,量,等等。

清代那两本先不说了。

陈宗蕃《燕都丛考》1930年出版,其时他五十一岁,正住在地安门内米粮库胡同他的"淑园"——这地方离地安门以及东不压桥、西压桥都很近的。他称"东不压桥"是对的,称"西不压桥"显然是没搞清这"压"与"不压"的关系。

清时运河边的景色

《北京百科全书》侧重对"东布粮桥"的解释,这里所主张的布匹、粮食市场,从大运河流入京城内的功能来说,不是没有可能的。

侯仁之"步粮"与"布粮"并用,则更反映了古桥名称的历史面貌。

过去称呼地名,依"音"的成分往往高出依"字"的成分很多。随便举例子:"太州务",随便就写成"太舟务""太舟坞";"高粱河",亦常作"高亮河""高郎河";"御河"与"玉河"几乎是混为一用的……这或许与昔时一般民众"识文断字"的比例还比较低,大家多以"音"传,"音"给人们形成的概念更强于"字"的缘故。说"福"吧,可以用蝙蝠的形象来代;说"禄",用鹿的形象来代;说"寿",则画一只绶带鸟;说"禧",一只喜鹊来了……而如今,识字的比例大增了,"字"所形成的概念渐强,就又体现出了新的表象:说"布粮桥",可;说"步量桥",也通;说"部粮","不量","步粮","步压",就都只表其音而无解了。从这个意思来说,今日统一为"东不压桥""西压桥"是较合适的处理办法。

玉水漾漾进皇城

皇城内的"东流"

过了"东不压桥",玉河就已进入原来皇城的境域了。它先是依惯性继续向东南流了百十米,到了"东板桥",然后调横流向,径直向东流,直接流到原来的皇城的东墙根上,这里原来有个叫"北箭亭"的地方。从东板桥到东皇城根的这二百多米的水道,旧时称"北河",其意思可以理解为,是皇城内北边的一段河。北河当然是什刹海水从万宁桥流下的重要河段。据说万宁桥

清时运河边的景象

下的水闸，官称是"澄清头闸"，这北河西头东板桥处就有"澄清二闸"，它的东端临东皇城墙处又有"澄清三闸"。从皇城之外，到开始进入皇城，河水的流向也在调整之中，这三座水闸对水面高低的调节作用是极为重要的。横跨北河，相隔不远的有两座或三座小桥，河两岸——特别是南岸较为宽敞，草木繁盛。火药局，东板桥胡同，织染局，酒醋局，妞妞房，水簸箕，是皇城内东北角的一个人口稠密区。我上小学时的同学首先在"后门桥东河沿"比较集中，沿河往南，到"北河沿"又是一个集中区域。踢足球得了机会时，"东河沿"一队，"北河沿"一队，曾经反复"比试"不少回；我们赛球的场地，就是当年的"东板桥小学"的操场。

重新亮出来的南段刚刚开放，很值得去看看。

一是与东不压桥一条马路（现在叫地安门东大街）相隔的河道口。碧水滢滢，从错落的石块间滤过，绿草如绣，丛菊、虞美人、喇叭花沿河道口漫开，起势幽美。

二是新修成的东板桥，青白石雕栏玉砌，一脱原来的草野风味，竟呈出些许皇家气派。

三是在河南岸新修的铜塑《运河图》，分若干段绵延近百米，从大运河南端的古杭州，到北京的积水潭，几十幅画面，再配上相应的诗文，追求的是再现历史的《清明上河图》。

四是在这"南段"的顶东头（再往前就会连上玉河南转，紧靠着皇城东墙，原称"北河沿"那条道上了），因为还没有施行南转的工程，这里留下了深深的河沟底，高高的斜土坡，红日晒，细雨淋，如是肥腴的土壤哪能闲着，于是尽着性儿地绘出了大自然本色的一幅油画:草(甭管它什么品类)那叫一个高啊,花(甭管它什么科属)那叫一个靓啊……参参差差,错错杂杂,在光照下闪耀,在风吹下俯仰,你几乎听得到它们竟发着自己的生命之歌!这当儿,古人的诗句,比如"花外轩窗排远岫,竹间门巷带长流",等等,便会不期然跃入你的脑海。我们对大自然的花花草草,太习于"精雕细琢"了,或者说太惯于"滥施刀斧"了;放开它们,一任自由,看啊,大自然反报于我们的,就是这一番景象!

在这里不能不说到前边的"三",那浮雕的《运河图》。它的说明文字,一开口就说,"通惠河是一条古老的自然河流",这就完全错了。因为正如前边已述,这是郭守敬主持修浚的一条人工运河。重要的图说,根本性的错误,我们岂能马虎过去?

皇城根遗址公园

"北河"顶到皇城的东墙根前,向右转,往南流。皇城东墙的东北角,原有一"北箭亭"(在"北河"的北岸端),皇城东墙的东南角,原有一"南箭亭"(在菖蒲河的南岸端),两座箭亭,很明显是整个皇城东墙的"瞭望岗",河水南转后,就是紧傍着皇城的东墙作防护壕沟的。这里应该注意,元代时,河道在城墙之外;明宣德年间扩展皇城,将城墙往东稍移,于是河道就进入城墙之内了。依傍着皇城的东墙,以皇城的"东安门"为界,其北一段较长些,所在街称"北河沿大街",南一段稍短些,所在街称"南河沿大街"。河道的"北河沿"一线目前是以"盖板河"的面貌存在,地面上做了景观绿化带;河道的"南河沿"一线目前已存在若干地面建筑,比如北部的"华侨大厦",南部的"北京饭店""贵宾楼"就骑在水线上。

现在回过头来看,当年在皇城东墙外这一道由北向南的流水还是极为珍贵的。北河沿段,原来"北箭亭"前边,有一座明代建的五孔石桥,称"箭亭桥"。往南嵩祝寺东,汉花园东,又各有一座五孔石桥。接着又有一座亭形楼宇叫"涵碧亭",跨坐河上,俗称"骑河楼",今日地名犹存。在北河沿大街与南河沿大街交接处的原东安门(今门不存)内也是在河道上,历史上建有一座"望恩桥"(又称"皇恩桥"),因为官员们跨过此桥去陛见皇上,自然

望恩桥的雁翅和障墙遗址

1909年的东安里门

应该感载皇恩的。

　　从今日荒干枯漠的北河沿至南河沿一线走过，你不禁生出一个强烈的愿望：想知道它过往是个什么样子。好了，作家刘半农的《北大河》，记下了20世纪10年代——应该说是一百年前这地段的风貌：

　　　　春夏秋三季，河水永远是满满的，亮晶晶的，反映着岸上的人物草木房屋，觉得分外玲珑,分外明净……两岸的杨柳，别说是春天的青青的嫩芽，夏天的浓条密缕，便是秋天的枯枝，也总饱含着诗意，能使我们感到课余之暇，在河岸上走上半点钟是很值得的。

　　这是刘半农1929年写的文章，他笔下所述，是"十年前"的景象。1910年

刘半农画像

代,他在北大担任预科教授;20世纪20年代,他担任北大教授。"十年前"和他写文章的十年后,景象已有很大变化——是在颓败之中!

往后追寻,1936年,作家张恨水写过篇散文《危城偶忆》,记述面临着日寇铁蹄践踏的老北平,其中一段描写的正是皇城东河道一脉:

张恨水

> 那官殿式的中法大学研究院,俯瞰着北河沿上柳林下的一条马路。转弯是汉花园,北大第一二院,都在这里。几条胡同交接的所在,已经修了柏油路、公寓、小饭馆、书纸店、杂货店,是现着活跃的状态,这是北大几千学生生活所寄托之地……

当这条水流到达东长安街边缘的时候,与自西而来的菖蒲河水汇合,然后,穿过东长安街,流向"正义路"。

中法大学

皇城内的"西流"

什刹海的水,过万宁桥往东往南是一路——这是我们今日称为"玉河"的主路。什刹海水往南,在今北海公园北门近旁过了原来皇城墙北墙处的西压桥,这是它的另一路,虽然不称之为"玉河",但绝不可以忽视。过了西压桥的水,首先汇聚成一块水池——它实际上有个俗称,是叫"小海"。"小海"水位较高,它再往下流都有一定的"落差",这也就形成促迫水流的动能。今天人们站在北海北门内的石桥畔,首先听到的是"哗哗"的落水声,从"小海"往西浪花激溅,明显的水流涌入北海的湖面,这是"小海"的分流之一,大家主要能看到的。实际上,"小海"往西还有一流,是通向北海北岸的"静心斋"景区的,只不过它埋于地下,人们通常不知道。更重要的是,从"小海"往南,是一组重要的建筑群,它就是皇家的"先蚕坛"(现在还被"北海幼儿园"所占,已列

先蚕坛

入腾退计划)。皇上每年农历二月吉日往"先蚕坛"参加亲蚕典礼。"小海"中的水,往南一小股注入先蚕坛的"浴蚕池"——这里主要是满足坛内用水;往南一大股,顺坛的东墙,有一条长 160 米、宽 4 米的"浴蚕河"——它可称是北京城内最短的一条河,只可惜也已封为暗沟了。流出先蚕坛后(北海的东墙于此处曾辟一门,名"蚕坛门",于 20 世纪 50 年代被封堵),过北海公园内的画舫斋,再过濠濮间,出北海的东墙,墙外迎着它的就是——"西板桥"。

如果留心前一节的话,您会记得"东板桥"这一地名。不错,它们都是什刹海水往下分流所形成的节点;只不过,东板桥在东不压桥的流向中,西板桥在西压桥的流向中,"西"比"东"更偏南了些。2017 年,对北海东门一带进行治理,包括对从北海东门至景山西门的"陟山门路"也做了整治,结果在其北边就发现了"西板桥"——大约是在四十年前的 1976 年,将它原有的桥栏拆除,而地下部分仍旧埋在土中。对这一古桥,有考古人士提出应考虑恢复,以彰示水道所经。

河水东流经过西板桥,南转,沿着景山的西墙南进,在紫禁城西北角楼稍东处,筒子河于此有一石砌券洞,河水通过这一券洞源源灌入。

从筒子河,转到太和门前的内金水河,再旋到天安门前的外金水河,这时候又有一股从"内三海"的"南海"往东流的暗河相汇合,再往东,就是天安门东侧的菖蒲河了。明永乐建都北京时,此处曾称为"东苑",绿柳红墙,楼阁参差。外金水河的西边与东边,

紫禁城西北角楼

依旧是在皇城的红墙之内，西边是"南长街"南口偏东，东边是"南池子"南口偏西，曾各建有一座汉白玉石拱桥：西边的叫"织女桥"，东边的叫"牛郎桥"。这是把古老的神话传说"落"到地面上来的一个举动。杜甫作有《牵牛织女》诗，其句云："牵牛处河西，织女处其东。万古永相望，七夕谁见同？"传说明清间曾有帝王逢七夕夜晚，携后妃到织女桥与牛郎桥游耍，放灯，赏星。如今菖蒲河已改造成一个新的景观区，游人随时可以前往观览。昔人留下一首七律，可以帮助我们领略当时的风光：

鲸海遥涵一水长，清波深处石为梁。
平铺碧瓦连驰道，倒泻银河入苑墙。
晴绿乍添重柳色，春流时泛落花香。
微茫回隔蓬莱岛，不放飞尘入建章。

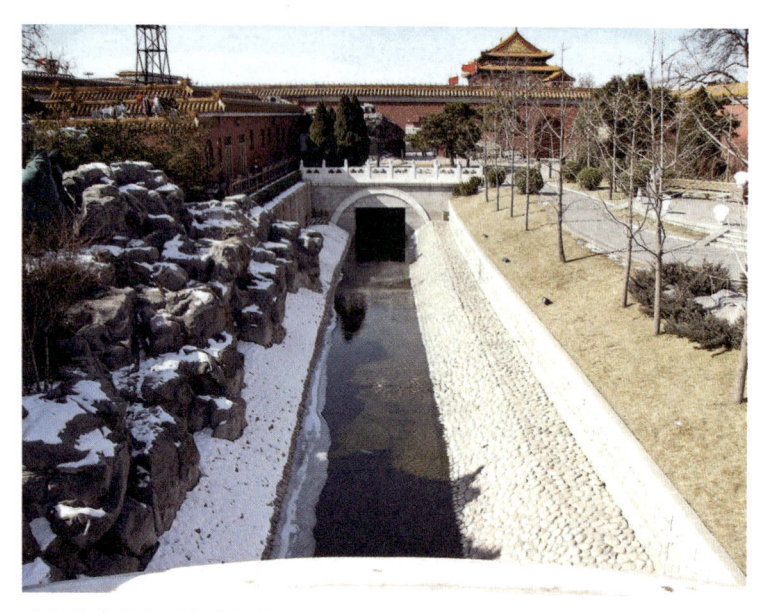

在紫禁城东南的菖蒲河公园

　　而菖蒲公园之内的"牛郎桥"得以复建;当然大家不愿他"单"着,所以西边的"织女桥"已列入了复建的计划。我们期待他们的早日"相会"。

　　菖蒲河的东水口,就已与自北流来的"南河沿大街"地下的"盖板河"相贯通,并入这条水脉,合着继续南流,流过东长安街,迎面而来的就是今天的"正义路"了。

　　这一节所讲的是玉河通过"西压桥"南流"内三海"与紫禁城这一路,或者简单地说叫"西流"。前一节"东流"我们已写不少,西路水流主体长期在皇家的禁苑之内,当然内容很多,也很有意思,但这里在篇幅上只能压减了。

从正义路到东便门

正义路上的玉河"三桥"

菖蒲河,是个精致的景点,别嫌它区域不大,但绝对应该前往一观。在这里,作为玉河主流线的皇城内的"东流",与皇城内自"内三海"而来的"西流",即将汇合,然后一股向南流过东长安街,流向那个叫"正义路"的地段。

在这里须向大家补上一段"秘闻":1958年,在中华人民共和国成立十周年前夕,在天安门进行了一系列改造工程。一是天安门两侧的红墙向后推移,二是城楼前的观礼台向东西两端延长,

玉河流经今天正义路段的旧影

三是外金水河也相应地做了延长。原来"外金水河"长370米，现于东西两端各加长了65米，这样外金水河就长达500米了。这显然增强了天安门的壮观，也更适于开会、检阅的需要。

天安门广场之南，东部，那无疑是个很重要的区域。明清以来，宗人府、吏部、户部、礼部、兵部、工部以及銮驾库、翰林院等机构都设于此。而这一地域的东侧，就是正义路。到民国时期，该地域大部分，东到崇文门内大街，南到内城城墙，以"东交民巷"相横贯，已沦为帝国主义列强之所占：使馆、兵营、银行、俱乐部、跑马场……自北流来的玉河进正义路，原来也是把道路分为东西两条：东称正义路，西称兴国路；1925年封盖了河道，用正义路为概称，并且一路做了绿化。

现在我们来看一下历史上的翰林院。明正统七年（1442年），翰林院建。它大门向北，面朝皇宫，西邻是銮驾库，东边就是北来的玉河。翰林院内有登瀛门、状元厅、昌黎祠及刘井、柯亭等，后堂为藏书库，乾隆时设的"四库全书馆"就在其中。四库全书总纂官纪晓岚（1724—1805年）著《阅微草堂笔记》，曾记翰林院遗闻：

> 翰林院不启中门，云，启则掌院不利。癸巳，开四库全书馆，质郡王临视，司事者启之。俄而掌院

纪晓岚画像

刘文正公、觉罗奉公相继逝。

又，门前沙堤中，有土凝结成丸，倘或误碎，必损翰林。癸未，雨水冲激，露其一，为儿童掷裂，吴云岩前辈旋殁。

又，原心亭之西南隅，翰林有父母者，不可设座，坐则有刑剋。陆耳山时为学士，毅然不信，竟丁外艰。

至左角门久闭不启，启则司事者有谴谪，无人敢试，不知果验否也。

纪晓岚多信神灵，他记录的这段翰林院异事，给我们的阅读增加点儿趣味。

翁方纲（1733—1818年）到玉河边访友，留下了这样一首七绝：

艺苑蜚声四十年，凄凉剩草拾南天。
玉河桥水柯亭绿，多少琼瑶未得传。

上面引纪晓岚、翁方纲的诗文，不过是想为今天看起来显得单调的正义路增加些厚重感而已。实际上，历史上的这条河道，曾有三座东西向的跨河桥：在东长安街上的，叫"北玉（御）河桥"；

处东交民巷上的,叫"中玉(御)河桥";靠近城墙根上的,叫"南玉(御)河桥"。

这段玉河的东岸,最有名的就是被称为"八大铁帽子王"之一的肃王府。第一代肃王豪格,皇太极长子,至九世孙善耆(1866—1922年),1900年在义和团运动中肃王府被劫掠一空,时人曾慨叹"巍巍肃邸富收藏,劫火销为瓦砾场"。府址后来被侵略者掠为日、意两国的使馆。

今天的正义路,仍旧是两边大路,中间绿树花草,有甬路贯通南北,不失为一处休憩良所。因为有重新亮出玉河的计划,有专家已提出要把正义路这段河道再挖出的方案——倘若实施,那么,有名的"玉(御)河桥"也当重现了。

肃亲王府残迹

玉河在内城与外城的环绕

玉河水过正义路,往南不远就抵到北京城内城的南城墙了。这个地点,在城墙下设有一水关,它几乎在南城墙正阳门到崇文门之间的中点上,或者说东段比西段稍长一些。玉河水通过水关,就进入了内城的护城河,与由西而来的护城河水相汇合,再一起向东流,到内城东南角的东便门,这里又汇合了由北而来的东直门—朝阳门而来的护城河水,从"大通桥"处,汇入了通惠河——这已经是京城内大运河的主要水道了。

讲到这儿,有必要将北京内城以及外城的护城河介绍一下。

先说内城。

由水源处白浮泉—昆明湖流来的水,到北京城西北角的时候,因为这西北角是缺一段城墙的,水流于是分为两支:一支,由西北角向南流,流往西直门—阜成门的环城线上,即内城的护城河西线;中间一支,由积水潭水关流入城内,形成万宁桥前的什刹海水域。在这里,水流又分为两支:一支,由西压桥向南流,形成"内三海"以及环绕皇城的水系;另一支,由东不压桥向南流,形成紧傍皇城东墙,并且在菖蒲河处与自皇城西来的水系相汇合,再往南连接护城河南水道的水系。巧借水势,再加以人工,就构成了这条环拱护内城的水系。

外城呢?

内城护城河西线的水自西直门—阜成门往南流,当流至西便门时,按人工河道,先经广安门,转外城西南角楼,再东过右安门,

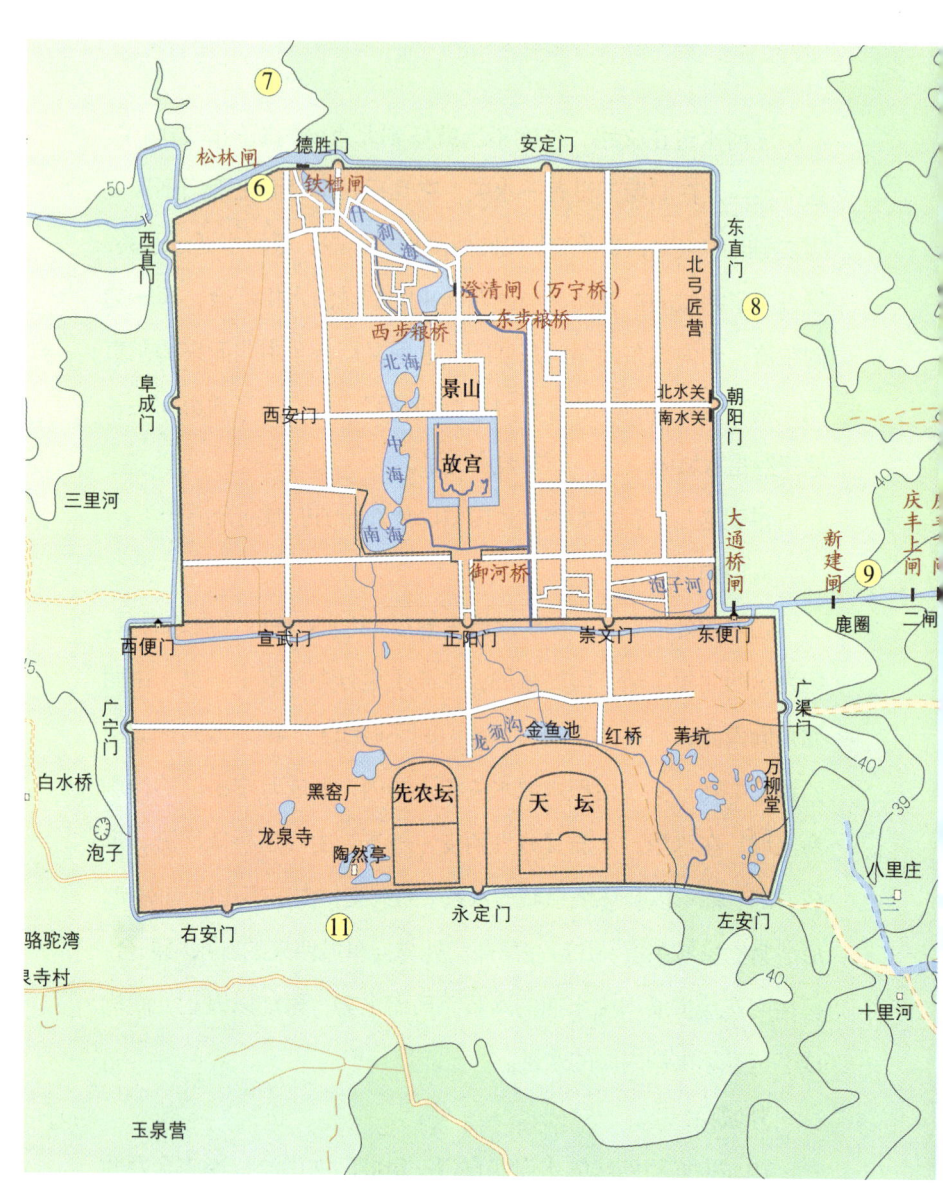

清代玉河内城部分

经过中轴线南端的永定门之后，继续东流过左安门，转外城东南角楼，反向北流，经广渠门，继续北流，其目标也是内城东南角东便门的大通桥，也是勾挂上了通惠河的主道了。

　　这一节稍把北京的内城与外城的水道说明了一个大略，如果将城市比喻成一个人，这里说的是其主要血脉。古老的北京城，元明清几百年经营，帝王与臣子的宏图壮略，建筑专家的细构精描，水利专家的巧思善导，就形成了这么一个硬件恢宏、水系婉转的状貌。这是稀世之宝！即以水系来说，它一是起到拱卫京城的作用，二是提供了饮用与灌溉之便，三是对绿化与景观上也不可缺，我们自应格外珍重它。水系我们只能简述其大，犹有许多古今变迁，支脉细流，这里不可能一下子尽述。到北京各处周游一下，或者乘飞机绕京城鸟瞰，水系之大观我们还是能够领略的；只是一些河道被填盖了，有些段落上还兴起了建筑物，以致使人们不能得畅观；随着北京老城保护规划的进一步落实，相信水系千流万转的优美画图，会越来越完好地呈现在人们的眼前。

东便门与大通桥

　　护城河的水，沿着内城的城墙外向东流，目标是内城东南角的东便门，这里有座大通桥，玉河之水由此汇入通惠河的主水道。关于城门、角楼以及护城河水流向，陈宗蕃著、1930年初版的《燕都丛考》有清晰的交代：

正阳门正楼一，月城中，左右楼各一，崇文、宣武、朝阳、阜成、东直、西直、安定、德胜八门各正楼一，月城楼一，各门外立牌楼，城四隅立角楼。又深其濠，两涯悉甃以砖石。九门旧有木桥，今悉撤之，易以石。两桥之间各有水闸，濠水自城西北隅环城而东，历九桥九闸，从城东南隅流出大通桥而去。

至于外城的护城河，陈宗蕃也说得简明：

外城濠水亦自玉泉分流，至西角楼绕城南流，折而东，至东角楼，环绕七门，东达运河（自西便门外东边砖券桥，由西便门、广宁〈广安〉门绕右安、左安、广渠门，至东便门二道桥止，长四千七百四丈，汇流达于通惠河）。

《燕都丛考》书影

写这部《燕都丛考》时陈宗蕃五十岁上下，他查考得明白，民国文人语言，信，达，雅。结合上一题内城与外城护城河水道的叙述，再回过头来看陈宗蕃这八十多年前的文章，有助于读者搞得更明白。

从正义路南口，顺着护城河的

内城东南角楼

水道往东走，过了崇文门，再不远就到了北京城内城的东南角楼了。这东南角楼，是北京内城东南——西南——西北——东北四角楼硕果仅存的一座！西南角楼1930年后拆除，城台1969年拆除；西北角楼1900年被俄军炮火击毁，城台1969年拆除；东北角楼1920年拆除，城台1953年拆除。东南角楼为什么能留下呢？光绪三十二年（1906年），京奉铁路从马家堡经东便门到前门东南侧，称"正阳门站"，这东南角楼是铁道必经之线，为减工事，保安全，所以得以幸存。角楼坐于高高的城台基座上，呈曲尺形，东面、南面朝城外，设箭孔四层，计算一下整座角楼箭孔有一百多个。角楼的西侧，绵延下来的就是北京城原来的内城南城墙。1982年，东南角楼重新修缮，列入国家级文物保护名单。现在，东南角楼，连同它西面的城墙，都属可参观游览的区域。

2018年1月18日上午，"四九"第一天，我登上了东南角楼。如今在二层布置了老北京城墙的展览（图片为主，少量实物），十分难得。"内九外七"的城门模型，使你可以具体感知它们的立体样貌，城砖、巨瓦，以及城楼门槛的遗物，斑斑驳驳，伫立观看，应和着楼外掠过的呼呼北风，胸中不由得冒出丝丝寒意。登临三层，俯箭窗东望，通惠河就在眼下不远处，河面冰层反射着清冷的阳光，河水应该在冰层下流动。角楼所在的城台，下视北京火车站进出车辆的道口，有摄影者立好三脚架拍照，言语间在讨论着各种车型。下了角楼，就是"明北京城墙遗址"，我顺墙西行，一直走到崇文门路口。回家看老地图，弄明白原来北京城东南城角内有个大名鼎鼎的"泡子河"，也勾挂角楼东的通惠河，为建北京站整个活动区域，这块水面已被填平了。

其实，在东南角楼往东一箭之地，原来还有东便门的。

明代学者、著过《北京岁华记》的陆启浤留有一首《泡子河》诗：

明北京城墙遗址公园

不远市尘外，泓然别有天。
石桥将尽岸，春雨过平川。
双阙晴分影，千楼夕起烟。
因河名泡子，悟得海无边。

由此诗我们可以想见，当年泡子河，是"泓然别有天"的宏阔，"石桥将尽岸"，"千楼夕起烟"的水光楼景，也足使人留恋。泡子河通向墙外东护城河由北向南流来，在东便门西侧转弯向东

内城东南角楼内曾经的泡子河

流。进出东便门,为了方便计,这里就需要北向南有一座桥。在这个东便门与东便门桥的南边,有历史上著名的蟠桃宫。每年阴历三月初,这里有盛大的庙会,并不宽敞的蟠桃宫内,南来北往的香客如流,茶点小吃买卖兴隆,各种游艺也相当火爆。曾有诗记录了当年盛况:

十丈红尘过雨清,惠河添涨绕重城。
瑶池香渺春云暗,阆苑花鲜晓月明。
正是兰亭修禊节,好看曲水丽人行。
金梁风景真如画,不枉元官号太平。

但是,在这一地区盘桓,站在东南角楼上环望,我脑子中根本就没有企望寻找东便门的念头。为什么?因为我知道,这座城门早在六十年前，就已经消失了。参加过东便门拆除工程的北京桥梁专家孔庆普回忆：1958年4月20日，拆除工程开工，从城门两边开始，向两端扩延，外门脸（北面）的门头过木上有一块青石匾，镌刻"东便门"三个凹形大字，城墙下有一水关闸，两壁是花岗岩条石墙……于一个月后拆除完毕。再有，作为通惠河主干线西端起点的大通桥，也已消失，只是在护城河出口处的梁石上，可见到残存的三颗分水兽首伏眼凝视，依稀记载着当年那座桥的所在。

好在，幸存当年大通桥的一张照片，可以帮我们温习故往。

还是在看了东南角楼的那一次，我就惦记着老北京城的西南角楼了。多少次乘车过京城的西南角，一晃间也曾见过路边绿树中的一块"三角地"，其中有影影绰绰的城墙、门楼，但我没来

东便门外大通桥旧貌

得及就近观望过。2018年1月31日上午,我实现了对这一"三角地"的踏访。是在明清西面城墙南端的原址上,南北走向,有那么二百米左右的新砌城墙,其南北两端犹有故城的夯筑土心留存,有砖梯可踏上墙顶。但是,怎么觉得它称不上是北京的老城墙哪!一是所用灰砖,明显地比常规的城砖(包括复建的东南角楼所用城砖)要小许多;二是这城墙显然高也不足,宽也不够;三是城墙上的一座两层朝东的小楼,又小得像个民居。当我在城上城下不解疑惑之际,住在附近的一位老古建工程师给我做了说明:这工程是20世纪80年代中期建的,指挥失误,当初名为"西便门城墙遗址"——西便门在内城城墙之西,走向断断不可称"西便门城墙遗址",后来只好改成"明北京城墙遗址";然而,用砖尺寸,城高城宽尺寸,都不及格!所以,这是个假古董!我明白了,三十年前未究历史,又偷工减料,所以铸成这个"假";如今地处交通枢纽地带,土木之工岂可擅动,这东西只可成为对我们的一个教训了。写出这一段来,用意在于提醒我们万万不可再匆匆草草做出"悔之晚矣"的事情来。

东便门处水东流

站在历史上东便门的位置向东瞭望,艳阳灿灿,碧水涟涟,波光云影共徘徊,一眼望到水天相接处。从东便门向东至通州,这应该说是通惠河的主干线了。如若从水源头白浮泉处说起,尽管也有人把这一水系笼统地称为"通惠河"或"大运河"的,那应该说是一个"泛概念";按实际水流从白浮泉而下千回百转、毛毛细细的情况来说,在流到东便门之前,它们的截截段段也是各有其名。所以,从东便门往东,郑重其事地以"通惠河"称之,是冠冕堂皇的。

元代苏天爵编《元朝名臣事略》,内收齐履谦撰《知太史院事郭公行状》,这也就是明代纂《元史·郭守敬传》的原本,其上介绍了通惠河的总体施工:

……经瓮山泊,自西水门入城,环汇于积水潭,复东折而南,出南水门,合入旧运粮河。每十里一置闸,比至通州凡为闸七。距闸里许,上重置斗门,互为提阏,以过舟止水。

《郭守敬传》的表述是:

……至西水门入都城,南汇为积水潭,东南出文明门,东至通州高丽庄入白河……

文中的"阀",即闸板,闸板提上或落下,形成水涨水落以利行船。

读一下古籍上的前两段文字,既可对于我们叙述东便门之前的内容做一回顾,又可对于我们下边展开东便门之后的文字做一总览。

20世纪80年代初期,侯仁之组织相关人员进行通惠河专题研究,曾手绘了元代、明代、清代通惠河流域状貌的三张蓝图,弥足珍贵,现明代、清代两张已收入2013年文津出版社出版的《北京历史地图集》之"文化生态卷"之中。其《清通惠河蓝图》内,标明自东便门大通桥,至通州永通桥(八里桥),水道上有新建闸、庆丰闸、平津闸、溥济闸这四座闸口。

侯仁之

也是在20世纪80年代初期,水利研究专家蔡蕃对北京漕运曾做过精细的实地踏勘,说正义路南流过城墙水关,即有"文明闸",元代黄文仲《大都赋》有"文明为舳舻之津,丽正为衣冠之海"句,就是说元代末年漕船多已停泊在文明门(明清之崇文门北)外,而达官贵人常出没于丽正门(明清之正阳门北)附近。

侯仁之所考证"新建闸"已不存在，距大通桥十里左右是"庆丰闸"，二十里左右是"平津闸"，三十里左右是"溥济闸"——这一闸约废于明正德年间，今天即使是只求遗迹，业已难寻，而近四十里处就是"永通桥"（八里桥）了。

弄清了这一基本情况，那么，我们沿通惠河东行的考察目标，庆丰闸一，平津闸二，大通桥三，之后就进入通州境内了。

如果要对通惠河的历史状貌做一实事求是的说明的话，可以说：

元代，郭守敬修毕自瓮山泊至高丽庄的整个通惠河工程之后，船运功能体现最为彰著，确实使积水潭一带"舳舻蔽天"，这是通惠河的"年轻"时期。

明代初期，白浮瓮山河断流，万宁桥往下的水流在东不压桥与西压桥两点上又被圈入皇城之内，这样子漕运船大略只能到大通桥，这样众多运输的任务只能转为陆路承担，这大略可归为通惠河的"弱退"时期。

而进入清代以后，上游水源渐次不足，河道淤积逐显严重，路面交通又有日趋复杂的诸多变化，这就无情地使通惠河最初的漕运作用丧失殆尽，它实际上留存下来的只有排水功用。这可不可以称得上是通惠河的"衰化"时期呢。

世事本无情。今天我们站在历史的关节点上，面对通惠河，当然会感佩它年轻时的恢宏贡献，也应该记取它退弱的经验教训，更要奋发有为，挽狂澜于既倒，发挥好它的排水效用，开掘它的运输以至旅游、环境和景观的功能，再创新的辉煌。

二闸曾是游赏地

历史上的记载

《析津志》,是关于北京地方志最早的一部专书,著者熊梦祥,字自得,号松云道人,元代末年江西丰城人。他于元至正十三年(1353年)到大都任职,于至正二十四年(1364年)回丰城老家。在元大都干了十年出头吧。十年留下本《析津志》,可见他是个很有心,很能干的人!只可惜,《元史》《新元史》上均无熊梦祥传,我们不能得其详情。

《析津志》原书早已亡佚,北京图书馆(今"国图")善本组从旧存《析津志》辑稿和《永乐大典》现存本、《日下旧闻考》以及《顺天府志》中采录,成《析津志辑佚》一书,排入《北京古籍丛书》之中出版,这是读者的一大幸事。

简述上列介绍,为的是给关心北京史地的朋友多作一点参考。《析津志辑佚》中,有《河闸桥梁》一章,其内:

庆丰闸二　　在籍田东

就是我们在此关注的一个节点。

《水部备考》，是明代周梦旸的一部关于水利的专著，梦旸字启明，湖北南漳人，万历甲戌（1574年）进士，官至工部都水司郎中。

他《水部备考》中有言：

> 庆丰闸在都城东王家庄，至大通桥八里。至元二十九年建。有上下二木闸，名籍东，至顺元年易以石，改名庆丰。嘉靖七年，并二闸为一。

周梦旸这里交代了重要的历史演变：庆丰闸在至元二十九年建，这是公元1292年，原为木制闸板；到至顺元年，即公元1330年时，改成石质闸坝。

下面我再引清代的一点资料，可读性要比前两则好多了。

《鸿雪因缘图记》，我称它为图文并茂的旅游类书，作者完颜麟庆，字见亭，满族高官，乾隆、嘉庆年间是著名的河道总督，盐政重臣。他虽然外任要职不少，但生活在北京的时间最长。他祖上坟地在安定门外，曾在鼓楼东边居多年，后来精心打理过大佛寺南（今美术馆后街）的"半亩园"，成为京师流传几百年的名宅。在麟庆写北京的几十篇文字中，关于庆丰闸——二闸的那篇题为《二闸修禊》。我们先解一下题：禊，古代传下来的习俗，于农历三月三日到水边举行仪式，以去除不祥。带上一些酒食在流畔宴饮，称禊饮。著名的王羲之《兰亭序》，说"永和九年，岁在癸

丑,暮春之初,会于会稽山阴之兰亭",他们所行的就是"修禊事也"。下面我们对《二闸修禊》进行节选(其间稍加小注):

完颜麟庆画像

……积水潭,东流出便门,为大通桥,自桥至通州石坝,计里四十,地势高四丈余,中设五闸,蓄水为分运京仓要道。其二闸一带,清流萦碧,杂树连青,间以公主山林,颇饶逸致。以故,春秋佳日,都人士每往焉……挈(携带)胶㯓(盛酒的器具)载吟笔,修禊河干。于是或泛小舟,或循曲岸,或流觞而列坐水次,或踏青而径入山林。日永风和,川晴野媚,觉高情爽气,各任其天……回思晋永和癸丑迄今,千有余年,文采风流,盛游难再,然感时序之推迁,欣闲游之暇逸,古今人正复同情,则虽方之兰亭又奚让焉!

这是完颜麟庆足有古人小品风致的佳作。他最后一句,"虽方之兰亭又奚让焉",翻译成今天的话就是,"即使是把我今日的游禊,拿来与当年王羲之他们的兰亭之会相比,也是根本不用做什么谦让的"。他们是何等畅快,何等豪迈!

《鸿雪因缘图记》中的《二闸修禊》图

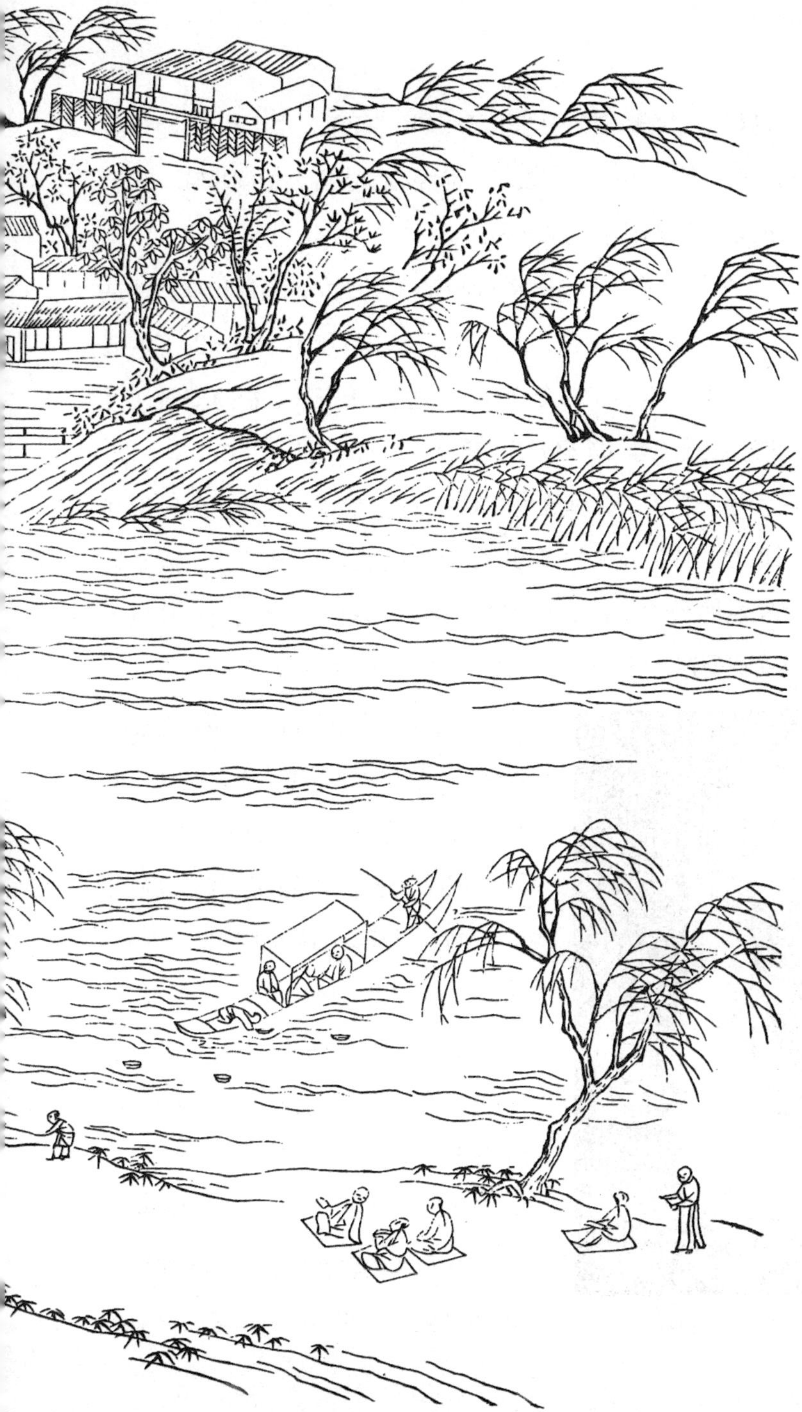

这篇《二闸修禊》中埋下了一句:"间以公主山林",随意漫读的人有可能一下子就过去了,而经心读者则会追问其解。我们应该把这"公主山林"说一下。

"公主"何许人?——乾隆皇帝之第四女,名称和嘉。她是乾隆十年(1745年)生,二十五年(1760年)十五岁时下嫁福隆安,三十二年(1767年)薨,年仅二十三岁。福隆安曾任兵部尚书,三十五年(1770年)袭公爵,四十九年(1784年)卒。传说和嘉公主手指之间连有"蹼",呈"佛手"样状,所以世间常叫她为"佛手公主"。就此细节我请教过医学界人士,人家回答其实没那么"邪乎",也可能是类似"六指",或者是稍几只手指间有点赘连,不过因为是贵为公主,格外引人关注而已。

"公主山林"实际上是和嘉的墓园。这里林林蓊郁中的原建筑颇为可观:石狮、石人、石马、石獬,还有一座石牌坊。再往北还有神桥、高大的祭碑,以及红墙、享殿、石五供、砖砌的宝顶,等等。过去到二闸来游玩的中外旅人,公主墓园所提供的院落、台阁、石阶等予以不少方便。我这里随文附上两张历史照片,俾使读者有更具体的了解。

至今二百多年过去,据说1938年公主坟遭日本侵略者盗掘,后来连地面上的树也被坟主变卖……诸多石件被毁

和嘉公主墓园旧碑

会有民间的"花会"或"社火",比武掼跤,耍狮舞龙,极一时之乐以迎春。

二、每年七月十五中元之节,这里当有京都的一些美妇会集,"丽姝三四"、"雾縠披躯"、"映波美睐"、"脂粉狼藉",而往来"丛芦杂树间",也独为一景。

三、当地一些十岁上下的娃子,俗呼"水虾子",游人自桥栏往急水湍流中抛入铜钱银角等财物时,孩子们会如鱼鹰般从高处蹿于水间,攫取原物璧还,以博取众观者喝彩,也因此获得些许赏钱。

四、二闸稍北里许处,苇草丛棘道旁,有土阜耸于旷地,一断碑上镌"金台夕照"四字;当日斜西照之时,此荆草土丘均是金色灿灿。这当然不是著名的"燕京八景"之一"金台夕照",北京城中彰此称者自多,但今日东三环路地铁不是也有"金台夕照"一站吗,这倒是能勾起人们点兴趣来的。后边这点联想,不是作者陈莲痕的意思,不过是我行文至此,顺带记下,以备遗忘罢了。

1925年11月,焦菊隐、孙伏园一众人,曾"到二闸看闸水,到公主坟吃野餐",归来后愣是把几个人写下的诗文,在《京报副刊》上出了《二闸与公主坟专号》,焦菊隐为之作"引言"道:

……公主坟前的丰碑耸立,墙垣虽然塌毁,但往年的绮丽的精华,还未失却。风景虽好,野花虽香,都不过伴着一对坟中人,虚耗了它们的美丽而已。这种动人的所在，既富有诗情，又富有历史的兴味，我们很不愿它们牺牲给废墟枯骨。我们必须去领略风景，方不辜负二闸公主坟的盛名。

1935 年，马芷庠著，张恨水审定的《北平旅行指南》畅销书中，于《北平东郊》章内设"二闸"一节，其行文讲究，足为今日法：

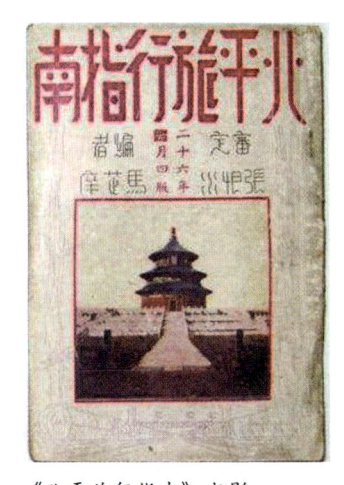

《北平旅行指南》书影

……水清翠，深处丈许，浅者约六尺余，阔愈十丈。夏季有游船可资代步。两岸芦苇掩映，垂柳疏杨，夹河森荫。岸旁村舍三五，点缀其间，风景绝佳。夕阳西下，渔舟唱晚，尤具林壑景象。清季游人极盛，两岸列肆，供客游憩。茶招酒帘飘荡于密树丛林间，别饶风味……盛夏游人多时，肆主间设什不闲、八角鼓等游艺，以资招徕。

他们更写出那些入水取物的孩童们，能坐于渠上树梢之间，一旦飞物掷下，他们竟自高树"倒跃入水"，寻获送回。浪花激溅，喝彩遏云，二闸不成为富人和穷孩的乐园才怪呢。

北京有位老先生，叫陈鸿年，1949 年前夕跟去了台湾，

1965年病故。台北正中书局1970年出版了他的《故都风物》,专门记在北京那些岁月。陈先生记述"北平之夏",最难忘的是到二闸喝茶:

> 二闸的茶馆,是野茶馆,喝茶的人,看的是野景——因为住在都市的人,谁看过稻田地啊!一旦出得城来,车马的喧哗,没有了;煤烟的浊气,无踪了;熙来攘往的拥挤情形,不见了。所见的是万里长空,浮云片片。四野碧绿,一望无边。听的是啾啾鸟鸣,看的是野花遍地,一时好像叫人心里痛快不少!

> ……二闸的野茶馆,可别比来今雨轩、漪澜堂,这是另一种风味的小土茶馆儿。有的桌子,都是砖砌的,上面抹一层石灰,长条大板凳。上面有个芦席棚,可是四周有的是大树,有的是荫凉儿,有的是城里千金难买的清风……

陈先生这段回忆的结语是:"美丽的大陆河山,叫人实难片刻忘!"

以上,又是四份历史资料,均属上一世纪:

20年代,陈莲痕记的。

20年代,焦菊隐记的。

30年代,马芷庠记的。

二闸旧影

40 年代，陈鸿年记的。

将它们找拢一起，当然并不容易；有些是原文照录，因为他文笔太好；有些做些转述，因为不能放开太长。其实关于当时的二闸，一时风靡的《朝报》上还发过连载哪，眼下我们当然不能信马由缰。

写到这儿明眼人看得出我已意转下一题了，但请原谅！有一件好玩意儿我实在舍不得也"大方"地略了去，且容我于此稍增加点篇幅，再介绍一段吧，长也短也，总之是为读者多寻点乐子吧。

老北京的庙会上常见有卖"百本张"抄本的，多为一些通俗的曲词，便读而价廉。《逛二闸》就是其中一典型。唱词以城内的一"佳人"为主角，为视角，描述了她逛二闸的全过程：

这佳人城中懒看繁华景，芳心儿唯望把郊原景物瞅。命仆从前往渡头将船雇，买了些爆竹花儿作乐游。带了些美干鲜果品，预备着对景开怀遣兴幽。众家人船中陈设多齐楚，这佳人香车慢下弃岸登舟。丫环连忙铺下坐垫，佳人坐定吩咐开舟。不多时清风阵阵吹人面，仿佛身从明镜里游。真可喜新晴一派清凉景，远望郊原豁倦眸。傍岸野花香气放，沿堤杨柳翠烟稠。迢迢载米船来重，款款寻泥燕子幽。观不尽水秀山青天然画，真个是"山外青山楼外楼"……弦管嘈杂三槐板，笙歌宛转韵悠悠。柳荫时看垂钓客，花间笑语踏青畴。这佳人画舫已过荷花淀，赏不尽碧叶接天霞色浮。又只见两岸高桅排燕翅，那船家拽缆停舟到渡头。寻茶社雅座选定如意馆，近水滨得看相对望东楼。这佳人斜倚栏杆四面看，山青水绿爽二眸。又只见几个小童浮水面，巴望着下水摸钱把客人留。这佳人把扇轻摇消酷暑，冰盏儿雪藕润娇喉。不多时夕阳欲下催归棹，两岸边蝉韵悠扬鸣不休。渡头前重新又把香车上，前后人跟着回了皇州。

这一段唱曲，放前朝可以，即视为民国遗风也大略仿佛，实际上演唱人水平越高，越有些随机性地改动的。

这里多占了一点篇幅，读者增了些闲赏，想来会得到"会心一笑"吧。

今日"庆丰公园"

庆丰公园

今日的北京，东三环路堪称是车流最密、交通最繁的一条路了。坐车过"国贸桥"附近时，除了路两侧拔地耸天的一座座高楼引人注目之外，你稍留心会注意到，从西向东有一条河，它碧波静静，莹光闪闪，在河的两岸漫延开一片片绿树鲜草……在几乎遮蔽了蓝天白云的高楼大厦的"森林"之间，在"巨无霸"式的玻璃钢、钢筋水泥体以及不知什么建筑材料的"半空屏幕"之下，这条河，这片绿，是多么珍贵！是多么可爱！只可惜，当在车上急匆匆"左顾"，"右盼"，想多瞅瞅这块景色的时候，车流如水，人在赶路，我竟不得一次下车来看看它。

2018年1月9日，时序属"三九"的第一天，我来到了"国贸桥"南，紧依着三环路，西边，是"庆丰公园"西区，东边，是"庆丰公园"东区，北风怒号，天地奇寒，但大气透明，阳光朗彻，我终于来到了不知多少次"交臂失之"的"庆丰公园"即古来的庆丰闸一带了！

"庆丰闸遗址"当然是必至之地。约两米高的黑色大理石上镌刻"庆丰闸遗址"五个大字，署"张含英题"（已逝的水利专家）。紧挨着是完颜麟庆《鸿雪因缘图记》上《二闸修禊》的放大线刻图。第三块，则简介了郭守敬修建通惠河的概史。长愈二十米的

庆丰公园

这处纪念刻石的东西两端，临河，设置了两尊镇水石兽，形体壮硕，相貌威严，虽属新雕已殊为不俗。纪念遗址的邻近，还立有一方石碑，其上记录了庆丰闸遗址的历史。

庆丰公园东区的河畔，约三四米高的一城砖坛护峙着一株古槐，眼下凛冬虽已是片叶无存，但古干苍枝迎风傲立，令人心敬！砖坛侧有汉白玉雕的五个大酒坛，交互堆叠，其傍又置石桌石凳一具，公园方名之曰："文槐忆旧"。他们介绍：这株古槐已有五百多岁；而二百多年前，曹雪芹住北京城里，常有到通州张家湾等地之行，半途上就曾在通惠河边这古槐之下歇脚，喝两杯酒，聊一会儿天，甚或是掏出笔墨来记下些许思绪……也有些时候，是他与朋友敦敏相伴而行。敦敏有一首《二闸迟敬亭不至》诗，就记录了当时的情景：

> 临风一棹趁扁舟，芦岸村帘分外幽。
> 满平涛声流不尽，夕阳独立小桥头。

这样的传说我们宁信其有，不当其无，因为它足可以为今天的游览平添些文趣。

看得出来，朝阳区已经在、并将会进一步打造"庆丰公园"这块宝地，岸畔的不少地段仍在施工之中，"绿水青山就是金山银山"这句话，在北京这块以CBD著称的地面上会得到最佳的显现。今日天高风号，通惠河上西北寒流阵阵卷过，恍若冰川灌满。我不得不与庆丰公园暂作告别，待到今年花红柳绿时，我一定再来踏赏。

庆丰公园内的帆船雕塑

从庆丰闸到平津闸

京通路上行

从庆丰闸（北为国贸桥）往东，到平津闸（南为高碑店），是一个很让人感觉不一般的路程：这一段路大约十几里吧，一是沿通惠河北，有一条坦平的京通快速路可驱车而行；二是在通惠河的南岸，有绿化水平不错的草木间步道可率性而走。两条路我都走过。走车路，你惊叹的是北侧连属不断的楼群，高低错落，外形各异，水泥的、金属的、玻璃钢的……墙体百变争奇。当落日西转的时候，这连绵的楼墙所投下的阴影，对京通路形成一种压迫感。走南岸，则会惬意得多，植被不错，间有园林小品，休憩亭台，足见园林河道部门做了不少努力。

从通惠河边走过，脑子中首先想到的是这条河道的浚治。明万历二年（1574年）进士，曾任工部都水司郎中的周梦旸，撰《水部备考》一书，曾记载了身边这些闸的变化：

庆丰闸在都城东王家庄，至大通桥八里。至元二十九年建。有上、下二木闸，名籍东，至顺元年易以石，改名庆丰。嘉靖七年，并二闸为一。

> 平津上闸西至庆丰闸十五里，平津下闸西距上闸七里，俱至元二十九年建。旧系木闸，名郊亭，延祐后易以石，改名平津。

"至元二十九年"，1292年；"至顺元年"，1330年；"嘉靖七年"，1528年。作为都水司的正管官员，周梦旸把建立闸坝，闸坝合并，木易以石……记载得清清楚楚。

看《日下旧闻考》，有乾隆四年（1739年）进士、曾任仓场侍郎的裘日修，于乾隆二十五年（1760年）的奏疏：

> 大通桥以下至通州东水关长四十余里，淤积既久，河身愈高。雨大则溃堤，闸水尽泄；水弱则又浅，阻漕运。每年修堤挑浚，名为"岁修"。与其逐年劳费，不若大加挑浚，后可节省过半。

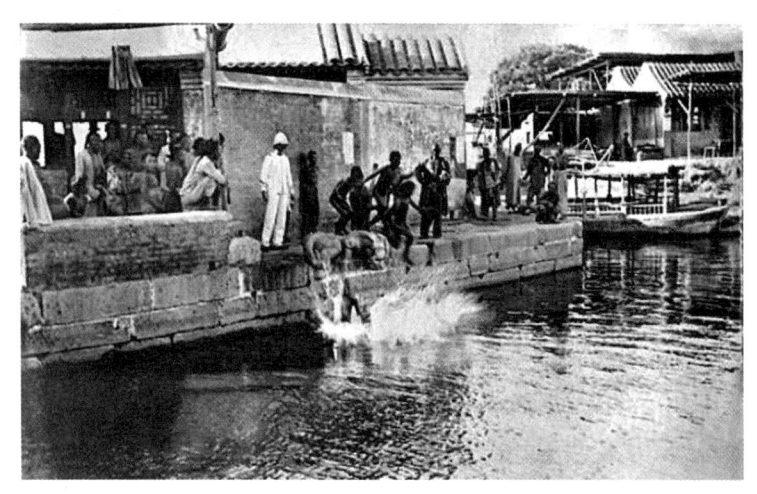

1900年摄制的北京通州的一处船闸

"岁修""大修"不断，通惠河就是这样在世人的浚治中走过了几百年。想到了这些，即使河水风静不摇，我们的心中也会涟漪泛泛!

何止是河道让人感慨翩翩!现在是走在河道北侧的"京通快速路"上，也让你不禁发"思古之幽情"。

今日的"京通快速路"，其实是由古传来，雍正七年、八年（1729年、1730年），立《御制朝阳门至通州石道碑》，其碑文上说：通州运河曾是"万国朝宗之地，四海九州致百货千樯万艘，辐辏云集。商贾行旅，梯山航海而至者，车毂织路，相望于道"，这条大路是"国东门孔道"，繁盛之至!但御路使用年久，坑洼渐重，一逢雨雪，车有陷卧往往需数十人推挽始得出……于是他下令"起洼为高"，建修石道，俾使过路者"瞻周道之荡平正直，咸庆同轨之盛治"。

雍正《御制朝阳门至通州石道碑》

大约三十年之后，自乾隆二十二年（1757年）至二十五年（1760年）又修此石道，乃有《重修朝阳门石道碑》，这一碑文上有几点值得关注：一是石道几十年沿用下来，车水马龙，又生新的残破不可避免，必须及时修治，否则会造成根本性的损坏。

京通大道旧影

二是他明确地告诉世人：大运河"帆樯数千里，经天津北上，至潞城而止"，是为"外河"；"引玉泉之水，由京师汇大通桥，东流以达于潞，用以转运者"，是为"内河"。三是他已明示，即使是在当时，因为"外河"较宽阔，而"内河"显窄狭，所以从南方运来的大量物资，内河运不过来，往往要从陆路即朝阳门石道上运。

今天，在通惠河北岸，沿京通路走车，或者在南岸沿绿道步行，有过往的记载在脑中萦绕，不管是看脚下的路，还是看身侧的水，你心中升腾的都是一种凝重的历史感。

高碑店与平津闸

从庆丰闸向平津闸东行，临近大名鼎鼎的高碑店，通惠河南岸巨大的镇名石柱就遥遥地送到你的眼中。这里河面宽阔，水波澄澈，一川凝碧静静地向东淌。镇口上，大桥西侧，凸显于河水中的一湾河岸尤其引人注目，其上林木繁多，飞檐红柱的仿古建筑吸引着你的脚步。

这是一个背靠着通惠河的文化广场。居前，是郭守敬高大的石雕像，他右手握一卷图纸，左手指向前方，明显是在指挥着通惠河的施工——只可惜，从白浮泉一百多里沿水流走来，实在记不得出现多少回郭守敬这种模样的绘画、雕像了；整个水系瞻前顾后而不是"地段为政"，注重创意，注重变化，应该会做得更好。

郭守敬手指方向的广场中间，一块立石上楷书"平津闸"三个大红字，是了，这就是我此行重点探访之所在。原来，在通惠河主河道的南侧，一座七八米长的小桥，南北而跨，连出了一块水中的小岛。这里就是平津闸遗址。桥头的一块挑闸石（或有人称是"绞关石"）当然首先要看。它有长长的身子，斜埋在桥边的土石里。顶端留一个碗口大的圆孔，想起来是用其挂挽粗绳索

平津闸上闸挑闸石

的，绳索系闸板，收起——放下，则形成开闸与落闸。几百年绳索穿磨，厚石板的圆孔上斑痕累累。它静静地侧卧着，默无一声言语，历数不尽的风云往事、驳杂记忆，应该都存在它的肚子里。在它的对岸至少还会有一块对应的挑闸石的，但那个"兄弟"早已不知所在了。

挑闸石下临的，是竖置的三面巨石所构成的闸槽。看闸槽的宽，就可以想见闸板的厚。凝视之间，你可以想见那又长又厚的大闸板，"哐当""哐当"，降入水流中的情景。通惠河水面之高耶低耶，在此闸与彼闸之间这一段，就是由"我"说了算的！想到这儿，你不由得会从心底升腾起对这老闸的顶礼膜拜。

小桥东西两边，是各呈外"八"字形的闸岸，闸岸由巨大长方形花岗岩砌起，眼前在水面上留六层，水面下大略也是这么个层吧。都是五七百年前的故物吧，水洗，石撞，沙打，人磨……每块巨石都闪烁着凛然不可欺的光芒。闸口区域的地面上，那几株枝干如同锻铁的老树之下，散放着若干块古石，方形的，条形的，边边角角有磕碰，有残损，岁月存痕，水锈留迹，每一块也令人端详久之。

水闸的北部，小岛的边缘上，是新翻建的一座"将军庙"。我去访看的那时晌，岛上静寂，只有一位老人在庙阶前晒太阳。老人就是高碑店村人，姓陈，八十六岁。他曾是眼见过闸板起降的人，惯常每天都要到小岛上绕绕，歇歇。他很乐意向来访者介绍自己的家乡，还回忆说：就是在闸东百十米的河道里，当年挖出过不少颗日本人投下的炸弹，"我和村里人被拦在河边，远远地看,心里那个怕呀!"老人还陪我到桥边漫走了一段。

将军庙、平津闸的前边,紧靠着郭守敬雕像的身后,更为显赫的是一庙,一园。庙是各个地方司空见惯的龙王庙,翻建不久,其内有一方据说是明嘉靖年间立的"龙王庙记"碑,可惜其上连一个字也看不清了。

略说几句"孝悌园"

在这个平津闸文化广场上,着力最大的应算近几年新建的"孝悌园"。"平津闸"三字立石的旁边,高大的石门坊,横书"孝悌园"大字,就把你导入园中。实际上,要往平津闸,是非要从这园内的石径上曲折而过不可的。随着曲径弯转,一组组大理石雕像踞于路畔林间。稍注目,就知晓这是把中国古代的"二十四孝"故事转移过来了,把各个故事中的主人公,一一制成石像,并且标上故事题目,《孝感动天》《埋儿奉母》《刻木事亲》,等等,在园子里转转,简直触目皆是,让人有目不暇接之感。无疑的,主事者如此大动工程,主观上是想向世人

孝悌园

传播"孝"的理念，推进社会文明建设。

有一种说法，《二十四孝》是郭守敬的弟弟郭居敬所编定。长期以来，它一直是封建社会的一种启蒙读物，意在灌输"孝"思"孝"行。几百年封建社会就这么走过来了。然而，大概于百八十年前，鲁迅就写过有关的文章，痛斥《二十四孝》是虚假的，欺骗人的，连推行者自己也不能相信和奉行的，等等。可是，近十年、二十年来，因为加强了传统文化的教育，在中小学校园，在图书馆博物馆，更在许多"文明村"的墙壁上，不知有多少"二十四孝"图又以各种形式赫然登场了！

进入21世纪的当代中国社会，果真需要以"二十四孝"故事作为孝道教育的推进器吗？

《戏彩娱亲》，七十岁的老头儿装小娃娃状摇拨浪鼓耍，这真能讨得九十岁父母的欢心吗？

《卧冰求鲤》，让人赤身躺在冰面上，能化出冰窟来让鲤鱼跳出，再用来熬鱼汤等等，荒诞得没边了！

《埋儿奉母》，为了让老母有饭吃，不惜把刚刚出生的亲儿子埋弃，如此铁石心肠冰冷无情怎能存孝？

……

当然不用一一列举二十四个故事。我们今天稍有理智的人，不用动什么脑筋，也都会晓得那些东西基本上是自欺欺世的妄说，谁也不会相信，更没有啥子人去奉行。孝道当然要提倡的，崇孝教育也当然要进行，我们今天要充填新的内容，施行新的方法。满世界净宣扬老"二十四孝"是历史的倒退，执事者的无能与悲哀。

平心而论，今日重修"二十四孝"的大多数主事者，未必对其内容进行了多少了解，反正是觉得不是"孝"字当头吗，当然要倡导好了。他们的出发点没错，只是应该提高我们的立足点和认识水平。不要说看别人家这样做了，我们也就照着做；各方人士决策前先要动动脑子，也要珍惜人民的血汗钱！

最后提醒一下："孝"，是讲处理与尊长关系的，善事父母为"孝"；"悌"，是讲处理同辈人关系的，敬兄友弟为"悌"。《论语》有言："弟子入则孝，出则悌。"这里名之曰"孝悌园"，而所展示的只是"孝"，有点瘸腿了不是？

2018年的春节初四，有朋友自外地来，要逛一逛地坛的庙会。我当然要陪伴！绕行方泽坛，坛墙外环整个一套新的"二十四孝"宣传画，图文并茂，生动鲜活；随手照下来的题目如《为父母建立"关爱卡"》《仔细聆听父母的往事》《教父母学会上网》《经常为父母拍照》，等等。这显然是有人在动脑筋了：旧的"二十四孝"实在是陈腐不堪，提倡也难；但孝道还是要发扬的，我们今天唯有与时俱进，填充以新内容、新风气，才能真正地推广开来。应该向这一举动致敬！

八里桥，从朝阳进通州

"八里桥"处说地名

驱车沿京通快速路到八里桥收费站，就意味着进入通州了。如果您对历史文化感兴趣，您一定不会错过收费站北侧约五十米的一座看似普通的石桥，这就是因位于"（通州）州城西行八里许"而得名的"八里桥"。明清时期通州八景之一"长桥映月"即此

八里桥雪景

八里桥旧影

处景观。

　　北京的地名,是个很有意思的学问,这是往正面说;说它是个很费脑筋的学问,很烧脑,这是中性地说;说它是个很麻烦的事情,伤神劳心,这是往负面里说。不管怎样吧,历史这样走过来了,就像流水,顺着沟沟坎坎,顺着低低洼洼,这样流下来了,很多时候我们只能承继它,使用它。倘若想"整顿"一下地名,"统一"一下地名,那所涉甚多,牵连得七扯八挂,绝非易事!

　　空说缺乏说服力,我们就从眼下涉及的"八里桥"说起。

　　"八里桥",怎么个"八里"?和谁个是"八里"?站在通州城的西关上,沿着通惠河再往西走那么八里,这座桥就命名为"八里桥"。实际上该弄清楚,没走上多远路,就已经进入朝阳区的地界了,"八里桥"从管界上来说属于朝阳区。

　　好吧,还是在通惠河的边上,地名叫"八里庄",离这"八里桥"该很近吧。否!人家"八里庄"在老西边,已经靠近"大北窑"、东三环路那附近了。它这个"八里庄",是站在原来朝阳门这一立足点上来说的，即从朝阳门往东，约莫八里的这村庄叫"八里庄"。是不是从建国门来数的呢？不是。建国门，是民国二十八年（1939年）日本人占领北平时，在朝阳门南边的城墙上扒开的供人来车往一出一进的两个豁口，到1945年日本投降后才打开豁口正式命名建国门。也可以这么说：有八里庄的时候，建国门还没有"生"出来哪！

说"八里"，是不是还"单"了点，缺乏普遍性？好吧，我们且随机性地扩而言之。

还是在朝阳区，我们一搭眼就看到了"三里屯"——这大名鼎鼎的时髦区。它距谁"三里"？东直门。三里屯往下，过八里庄，还有个"十里河"。它距谁"十里"？十里河的管地干部告诉我，这是距左安门十里。

倘如是地转起来，在北京这块地面上，我不知会举出多少个类似的例子；但我们要完成的这篇文章当然不是要解决这一问题的；有兴趣的朋友也不妨做个比如从"二里沟"到"十八里店"的地名实考。想起来它会五花八门各不相同的。

为什么？他所据以计量的原点不一样。甲从老城的前门楼子开始计量，乙从老城东城墙的东直门或朝阳门开始计量，丙从老城外城的广渠门或左安门开始计量……即使是数学家，光清楚它"××里"，实际上在路面上仍旧是一笔大糊涂账！

先讲讲这一点，也让我们来一起学点关于北京地名的学道吧。

我站在八里桥的桥头上

2018年1月1日,上午十点多钟,我来到了八里桥。天空晴朗,阳光中等,北风轻吹,是属于一个"干冷"的天气——空气中没有丝毫湿气,降雪还没有一点影子。

我首先看河水。

立在拱形大桥的中端,往西看,通惠河水如一面静静的镜子,闪着柔和的日光,从西边悄无声响地流来。往东看,隔不远就是通州城,河水金光万点地淌入新城朝晖灿灿的建筑群体中。通惠河水,嫌薄嫌浅,因为是枯水季节;但远比所期望的要清澈,依凭肉眼看不到其中有什么浊物。定眼细看,才感觉它在缓缓地东流,因为有鱼鳞般的细水纹在颤漾,因为在河底的某些处有附着的斑斑水草在微动。

我其次看桥拱。

主河道是三孔桥洞。中间的格外宽大,两侧的要小许多。历史资料上记录着大桥洞高8.5米,宽6.7米;侧桥洞高3.5米,宽5.5米。各桥洞均为古色苍苍的花岗岩券石砌筑,严丝合缝,显示出"万古不移"的坚实。三孔桥洞的面西水流的方向,又有巨石筑成的"分水尖",其前又有铁铸的三角形护戟。是啊,当水势凶猛扑卷而来的时候,特别是寒冬水面上有冰凌击撞而来的时候,"分水尖"自然是英武的卫士。

主河道的两侧,应该是在原古桥的辅桥之下,又各有三门桥洞,这显然是后建的,它们所面对的,已经是眼下主河道两边河坡所在的位置了。这说明什么？通惠河水势大了，主河道满，溢上河坡，于是这两侧的桥洞也行使流水的功能了。这些年整个少水，不知这些辅桥洞有多长时间未用了。得暇可查查八里桥的水文记录，我倒乐见通惠河水满，这八里桥的九个桥洞都流水汤汤的哪！

我第三看桥栏。

西桥栏与东桥栏各列三十三根花岗岩石柱，石柱间是不足二米的实石栏板，粗算来每边桥栏约为六十米有余。桥栏南北两端各有一向外张望的石雕坐兽，面目狰狞，长发披于身上作流水状。两侧石栏柱头各雕狮子，有足下按着绣球的雄狮，也有抚着幼狮的雌狮，还有的，是揽两个幼狮在胸前的"模范妈妈"，也有的，既无绣球也无幼狮——可能它还只顾得自己贪玩呢，再细瞧，有的幼狮正从长狮的肩膀处攀爬过来，有的长狮正低首专注地向幼狮"教导"着什么……卢沟桥的狮子数不清，谁要想数一下八里桥的狮子，那无疑也是要费一番工夫的。当然，两侧桥栏各有两根"秃"石柱，其上的狮子已失去了。

不管是桥栏头的坐兽也好，还是栏柱上的石狮也好，它们花岗岩石质均已是斑斑驳驳，古色苍苍。暴日烤，剧寒冻，风沙打，酸雨刷，它们早已漫漶了当初斧凿刀雕的纹路，留下的是粗犷的线条，大略的轮廓。但定睛细看，你仿佛还感觉

八里桥石栏杆上的狮子

到它们活跃的生命力：或是威风凛凛，或是生机勃勃，或是舐犊情深……

这时刻，你不由会想：它们安踞于此，有多少年了？

历史，在脑海中闪回

"八里桥"是它的俗名，人家的官名叫"永通桥"。《日下旧闻考》卷一百九中说："永通桥距州治八里，明正统李时勉碑尚存。"国子祭酒李时勉的《永通桥记》：

> 通州城西八里有河，京都诸水会流而东。河虽不广，每夏秋之交雨水泛溢，常架木为桥，比舟为梁，数易辄坏。内官监太监李德以闻于上，欲于其地建石桥……桥东西五十丈，为水道三券，券与平底石皆交互通贯，锢以铁，分水石护以铁柱，当其冲，桥南北二百尺，两旁皆以石为栏。表二坊，题曰"永通桥"，盖上所赐名也。又立庙以祀河神。经始在正统十一年八月，告成于十二月，明年三月立石。

"正统十一年"，即1446年。这座桥，建在这里已是五百七十多年了！

明清时期，朝鲜使臣在日记中多次记载八里桥，称八里桥"宏敞延袤，非他桥可比"。朝鲜使臣柳厚祚的《燕行日记》记载：

南京货商彩船，来留此河，云：故一行已先进北门，余则向东门而下，河水稍减。南船不能来到，但燕船之泊于河岸者，难数其几许。而皆□帆铁索，船上覆长板，板上作屋，且仓廪之富实，甲于燕京。盖天下漕运之船，云集江边，百官颁禄自此中辨出。而春夏之间，帆樯如束，连续十余里。

京城北部之朝宗桥，南部之卢沟桥，以及这东部之永通桥，堪称咽喉要地。在干冷的寒风中立桥头静伫，我的脑海中不由地闪回到一百多年前：

第二次鸦片战争期间，具体时间是咸丰十年（1860年）8月21日，英法联军自天津大沽口登陆，占领天津后，沿北运河北犯京城。当时的清政府没有看到北运河的战略作用，仅采用打木桩的办法，企图阻止敌人军舰。清军一路北撤，仅在几处要地设防，异想天开地以为能够阻止联军。主将僧格林沁率领两万兵丁，布防在张家湾和八里桥一带。战斗从9月21早上7时打到12时，十分惨烈，这就是著名的"八里桥大战"。这是处在衰落期的落后的封建王朝军队与处在上升期的新兴的资本主义强国军队之间的较量，在史学家看来，这次战争的结局是历史的必然。

但是正义的中国军民为保卫自己家园表现出来的同仇敌忾、奋勇抗争的爱国热情和民族精神是可歌可泣的，值得后人永远铭记。英法联军军官吉拉尔在《法兰西和中国》一书中对清军赞赏有加：

　　光荣应该属于这些勇士！他们没有害怕、没有怨言，他们甘愿为了国家慷慨地洒下热血。这种牺牲精神在所有民族都被看作伟大的、尊贵的和杰出的……

随行的法国翻译官伊里松在《翻译官手记》中写道：

　　在桥的正中央，冒着枪林弹雨，清军的一位官长骑着马站在前面；他挥舞着黄旗表示挑战，尽管隆隆的炮声盖过一切，可是他还在高声呼喊着。在这位英勇的官长的周围，桥栏的大理石块四散飞舞，我们的炮弹造成了成批的杀伤。死神一刻也没有歇手，却并没有吓倒这些不灵活，然却勇敢的斗士，他们寸步不退。现在，运河的两边和桥上已堆满了被可怕的杀伤弄得残缺不全的尸体……

八里桥之战图绘

八里桥之战是第二次鸦片战争中，清政府发起的最后一次大规模抵抗。但终因综合实力悬殊太大，而遭惨败，最高统治集团仓皇出逃避暑山庄。英法联军长驱直入京城，火烧圆明园，迫使清政府签订《北京条约》等一系列不平等条约。随着历史的变迁，在八里桥早已没有战争的痕迹，但是八里桥之战是中国近代史上具有标志性意义的一场战争。指挥这场入侵的法军统帅，叫蒙多邦的，被拿破仑三世授予"八里桥伯爵"之勋。这称号是中国人民应该永远不忘的耻辱。

光绪二十六年（1900年），日军八千，俄军五千，英军三千，美军两千，德军一千七，法军四百，意军一百，奥军一百，八国计两万名官军从天津分两路沿大运河进犯京师。清军以及义和团民进行了顽强的抵抗，以血肉之躯相搏，但联军还是在十天内攻进了紫禁城，慈禧挟持光绪帝仓皇西逃。古老的帝都，遭到更惨烈的蹂躏。

不过是百多年前的旧事，似无须细述，也不堪回首。但请允许我在此徘徊久之而思绪无羁：百多年光阴一瞬，现代战争的样式已全然不同以往；然而设若我们当今又一次遭遇1860年、1900年那样的外敌侵凌，我们今天的军队、今天的民众，会做出什么样的反应，又该有什么样的表现呢？今天作为战场生力军的，是"80后""90后"的年轻一代，你们大体是在膏腴之境中长大的，请容许我冒昧提出这个问题吧。

说到这里，我突然有个想法，八里桥应该成为爱国主义教

抗击八国联军的八里桥激战图绘

育基地,我们永远不能忘记这场屈辱的战争。最近微信朋友圈流行一句话:我们并不是生活在一个和平的时代,而是生活在一个和平的国家。牢记过去的苦难历史不是要激起仇恨,而是要更加珍惜和平,凝聚民心民智民力,为中华民族伟大复兴更加努力奋斗。

从大桥的北坡下桥,顺京通公路往东走,大约二百米处,矗立一座黄瓦红墙、雕梁画栋的皇家碑亭,我当然要趋前拜望。碑高,五六米以上;碑宽,大抵如一人横展双臂;碑厚,隔护栅望去也近一米。巨碑稳坐于一长逾三米、宽二米多、高亦近三米的超大型螭首龟座上,也是异乎寻常。即使是碑与龟下衬的巨型石座,满雕刀法灵动的海马、海牛、海星……也格外精致。我赞成将这座石件用亭栏围挡、保护起来——尽管它让你不得近观,更不得拂拭。为什么？一旦年深日久，成千上万人与它"亲密接触"之后，从脚下的浮雕，到巨龟的纹饰，更何况碑石上那端秀的汉、满两种文字，还能保护得好吗？长此下去，我们留给后人的，不仍是永久的遗憾吗？

好在史书上记载了这通《御制朝阳门至通州石道碑》。是有感于从通州往京城陆路之颠簸不便，如元代就有文人诗叹："平冈日出车马喘，古道尘飞驿骑回"，往来奔劳殊为艰辛。雍正七年（1729年）启动，雍正十一年（1733年）竣工，大体上四年修成了从朝阳门至通州的一条御路，以石铺路面，且植树成行。碑上记述：

> 自朝阳门至通州四十里，为国东门孔道……建修石路计长五千五百八十八丈有奇，宽二丈，两傍土道，各宽一丈五尺，长亦如之……是役也，远师古圣王之良法美意，而斟酌久远，一劳永逸，良用欣慰。

这是当时很值得骄傲的工程！所以后来乾隆有诗赞：

> 白云红树通州道，麦垄禾场九月秋。
> 好景沿途吟不了，豳风图画望中收。

1985年，该碑被公布为北京市级文物保护单位。2013年5月，雍正御制石道碑和附近的八里桥一起，被公布为国家重点文物保护单位。

  2018年1月1日从八里桥回家，晚间，随意读曾国藩的材料，遇到他同治九年（1870年）九月二十五日的一篇日记：

  黎明起，早饭。饭后行十二里至通州。乔鹤侪在东关外迎接，在庙内与之一谈。旋至仓场总督署内拜乔鹤侪。出西门，走二十五里至定福庄，又走二十里，至齐化门。进城，走七里许至金鱼胡同贤良祠居住。

  这里记录的是一位晚清重臣上北京的经过。他自天津出发，从通州东关进入通州城内，然后由西关出，先到定福庄（今中国传媒大学北），再到齐化门（即朝阳门），最后住进金鱼胡同的贤良祠。

  曾国藩一百四十多年前的这一日记，可以帮助我们具象地体会一下从城外上北京的由东而来的一条路。夜不寐而杂览，想不到对我日间之所经，又增加些生动的注脚。

曾国藩

  再回到我踏访八里桥的现场上来。沿着京通路我往西行，心中是与这古老的八里桥告别。回头看，桥拱顶端的桥面一线，在正南阳光的照射之下迷离耀眼；而当汽车从南面驰来的时候，你先看到的，是车的顶盖，然后是车的前窗，最后才是车的全身……这古桥的弧度很可观哪！再往西走一段，回首再望古桥，它中间的券洞就更显得阔大了。哈，这不禁使我想起了十六年前，2002年初，为金受申重编《北京的传说》，其中有一段故事：

> 粮船过八里桥，皇帝老儿命令"八里长桥不免桅"，即过桥洞的时候，那船桅杆，你还得给我留着！
>
> 怎么办？船工琢磨出的办法一，是从外河进入内河时，把粮船换成小一号的了。办法二，是让八里桥的桥闸少放水，使桥下的水浅，桥洞就更高好过船了。然而，船桅杆还是挺着，桥洞仍旧是不够高啊……
>
> 船工们可是急坏了！再没法子，那可是掉脑袋的事啊。京东地面一带喜欢吃"饸饹"，制作时用的是一种木制的饸饹床子。做饭的小伙儿为给大伙解闷愁，一边轧面一边唱：
>
> 饸饹床子什么人修？长长的饸饹掉锅里头。
>
> 轧杆立起又落下呀，吃得人人不发愁！
>
> 吃着面，有个船工匠醒过闷来了：可不是嘛，"轧杆立起又落下"，我们把船桅杆做成"立起又落下"，过桥洞子不就成了吗！
>
> 吃饭间，这个砍头的难题就解决了！
>
> 可等大伙儿放下饭碗，看那唱"饸饹歌"的小伙子呢，他却不见了踪影。于是众人明白了：是鲁班爷，或者是鲁班爷的儿子、孙子，给大伙儿送计来了！

通惠河上的八里桥（20世纪90年代）

　　民间故事广为流传，其中充溢着智慧和美好的期许。我在河边行走，却仿佛感觉到，或者说心间期望着，有无数扬帆而上的粮船一艘接一艘地奔向前方……

通惠河,在通州流变

沿着通惠河一直往东约四公里,通惠河与北运河相接。从一些老地图和文献记载看,在过去,通惠河以北属于城外,通惠河以南是通州老城。现在通惠河已经成为城中河了,两岸高楼林立,其北岸是运河商务区所在地,这里将承担北京城市副中心高端商务服务的功能。只有一些地名,例如天桥湾、里河沿、葫芦头等,还提示着人们,这是一条古老的河流。

这条河最早是金代闸河故道。为了漕运,金代从今石景山地区重开车箱渠(三国时刘靖开),引卢沟河(今永定河)入北护城河,称为金口河,又从护城河引水向东,注入潞水(今北运河),

通惠河及运河商务区

称为闸河。当时的水源来自永定河，大家都知道，永定河又称为"浑河"，有小黄河之称，泥沙太大，河岸土质疏松，所以这条河时常泛滥，导致漕运时断时续。寻找新的水源成为解决京通之间漕运的关键问题。

到了元代，著名水利专家郭守敬实地勘查，放弃了永定河水源，寻找到昌平白浮泉水源。从白浮村引神山泉西折南转，会双塔、榆河、一亩、玉泉诸水，东南流入大都，汇于积水潭（今什刹海），然后东至通州高丽庄入北运河，这是元代通惠河的路线。白浮泉水源不像永定河含有大量泥沙，但是水量不大。郭守敬设计建造了二十四座闸调节水量，并且将河口移至张家湾高丽庄村。所以从八里桥到通州城北这段金代闸河河道被废。

到了元末明初，由于战乱和自然灾害，郭守敬开凿的通惠河，日渐荒废。通州至京师粮米皆由陆运，不仅运费高昂，而且容易受到自然天气的影响，遇到雨雪天，道路泥泞，运输极为不便。通州仓储漕粮，若有敌兵越关，轻骑兵几日可达，粮仓落入敌手，京师就很危险了。鉴于此，巡按直隶监察御史吴仲向嘉靖皇帝建议重修通惠河。

吴仲是正德十二年（1517年）进士，曾官至南太仆寺少卿，著有《鸿爪集》。嘉靖六年（1527年），他上疏重新疏浚通惠河。在奏折中，吴仲指出：

> 通惠河屡经修复，皆为权势所挠。顾通流等八闸遗迹俱存，因而成之，为力甚易，岁可省车费二十余万。

且历代漕运皆达京师，未有贮国储五十里外者。

但当时从通州抵京的陆路运输被权贵把持，吴仲这一主张无疑会挡了他们的"财路"。为了阻止吴仲的计划，利益集团找出了"冠冕堂皇"的三大理由反对恢复通惠河。理由一：破坏风水。元朝开凿通惠河引昌平白浮泉之水。白浮泉水往西逆流，往北就是明皇陵，如果重新修浚通惠河就会破坏祖陵的风水。理由二：耗资巨大，得不偿失。理由三：导致车户失业，而车户失业则必生事端。这其中每一条理由都足以将恢复通惠河的提议扼杀在摇篮里。

但最终，吴仲的奏折得到嘉靖皇帝的批准。疏浚工程于嘉靖七年（1528年）二月四日开工，五月二十二日竣工，历时三个多月。重修后的通惠河，在通州境内不再沿用元代的河道，而是利用了金代闸河故道，至通州城北汇入北运河。自此，通惠河河口由张家湾移到通州城北。

值得注意的是，明代通惠河并不直接汇入北运河，原因还是水量不足。为了解决这个问题，吴仲放弃元代提闸过船法，改为人力搬运过闸的办法。南来的漕粮经石坝卸下，然后用人力搬运至葫芦头的位置，换小船由通惠河运送至京城。也就是说，明清时期，葫芦头才是通惠河故道，现在的通惠河是当时的泄水渠。直到20世纪80年代，还可见葫芦头可以行船。后来由于水利工程建设，将葫芦头废弃，将原来的泄水渠拓宽，才成为今天的通惠河的模样。

大光楼览胜怀古

观景胜处大光楼

在通惠河与北运河交汇处西南角，有一处歇山脊黄色琉璃瓦的建筑，古香古色，面向大运河二楼悬挂一匾：大光楼。"大光"二字取自于《易经》，有前景光明寓意。只可惜大光楼早已不存，现在的大光楼是2008年前后，在原址东南处不远复建的。虽然不是原址复建，但是为人们增添了一处观景的好去处。

明清时期，户部坐粮厅官员在大光楼验收南来之漕粮，故大光楼又称为验粮楼，又因紧邻石坝，亦称为石坝楼、石坝大光楼、坝楼。据《通州志》记载，该楼始建于明嘉靖七年（1528年），为巡仓御史吴仲督建。漕运繁盛之时，按照户部规定："漕粮抵通，坐粮厅验收起卸"，每天验粮三万石。如果不能验足三万石，就会导致"大堵船"。据《光绪顺天府志》记载，等候验粮的船只绵延二十里之遥，惊动了皇帝亲自过问，要求随到随验。

大光楼不仅有实用功能，在闲暇时节，也是文人墨客观景的好去处。大光楼曾悬有一名联：

高处不胜寒，溯沙鸟风帆，七十二沽丁字水；
夕阳无限好，看燕云蓟树，百千万点米家山。

该联是清人程德润所作。

大光楼是漕运的产物，也见证了漕运的繁华。站在此处，往西还能看到"古塔凌云""波分凤沼"等景观，往北可见"柳荫龙舟"和"二水汇流"之美景，往南可见大运河上"万舟骈集"之盛景。"柳荫龙舟""二水汇流""万舟骈集""古塔凌云""波分凤沼"等景观皆列为明清"通州八景"。今天凭栏四顾，"古塔凌云"犹可见，"二水汇流"已为"五河交汇"所代替，其他景观均见不到了，不免让人感慨万千。

"波分凤沼"连"太液"

此处景观是指通惠河东起点——葫芦头。明代吴仲重修通惠河后，采用人力搬运粮食过闸，在通惠河口有一道石坝。这里的水应该比北运河水位高，是通惠河的下游，也是通惠河水量最充足的地方。在这里形成了一个水量充足的"沼"，因为水是从太液池流出来的，所以称为"凤沼"。

"太液池"的来历还要追溯到秦王嬴政。秦始皇统一天下后，听信方士关于东海有长生不死的神仙的传说，派徐福前往东海仙山，以求长生不死的灵药。始皇帝开了头，历代皇帝便纷纷效仿，到了汉武帝时，长生不死的仙丹还是没找到。为了慰藉一下自己失落的心情，他下令在皇宫北面挖了一个大水池，命名为"太液池"。自此以后，汉武帝的做法被历代皇帝沿袭，在建造皇宫别苑时，都不忘挖一个面积超大的蓄水池，并以"太液池"命名。根据文献资料，汉代的太液池位于长安故城之西、建章宫之北、未央宫的西南。池中筑有三座山，象征瀛洲、蓬莱、方丈。

北京的太液池在故宫西侧，就是北京著名的"内三海"：北海、中海和南海，合称"太液池"。"太液秋风"是著名的"燕京八景"之一，泛指中南海和北海的广阔水域。清代太液池也称"西海子"，是皇家禁地，其秀美的风光是外人见不到的。可见，太液池就是皇帝和宠妃游玩之处。古代常用凤代称皇后，所以太液池流出的水形成的水面就理所当然被称为"凤沼"。

时至今日，历史经历了沧桑巨变，自然环境也经历了很大的变化，"波分凤沼"的美景只存在于历史记忆中。

"柳荫龙舟"属皇家

通州城北的黄船坞又称皇家码头，此处停泊之船均为皇家专用的龙舟。因岸上广植杨柳，故有"柳荫龙舟"一景。《日下旧闻考》记载：

> 通州城北五里有黄船埠，河水潆洄，官柳荫映。永乐中设，黄船千艘，以其半轮往江南织造，俗名黄船坞。

笔者推断"千艘"可能是笔误，因为龙船体量较大，如果是千艘，黄船坞未必能停下。

《日下旧闻考》的记载，包含内容很丰富。根据城北五里的记载，可以推断其位置在今天的北关闸。1960年建北关闸时，曾发现不少条石，应该为黄船坞的遗物。

黄船坞是京杭运河北端一处很重要的服务设施，有诗云"春深碧沼恩波近，定拟君王壮胜游"。而"柳荫龙舟"也成为"通州八景"中直接体现皇家文化和运河文化的景观。

从"二水汇流"到"五河交汇"

"二水汇流"是指潮白河和温榆河相汇而形成的一处景观。如果仅仅是两条河流在此相汇，这应该是很正常的事情。为什么把此景观列为"通州八景"之一呢？根据《康熙通州志》记载，在二水汇流处形成了天然的沙嘴，形如刀削，十分壮观。只可惜，随着岁月无情的冲刷，天造沙嘴景观早已荡然无存，但是还能看到二水汇流的景象。

温榆河名称最早见于《汉书·地理志》，当时名为温余水，简称温水。因为该河水温热，寒冬不冰，由此得名。温榆河的别源很多，主要出自西山诸泉，其次出自北山诸泉。温榆河中游通称沙河，自昌平流入顺义西南境，俗称西河。东南流于通州交界处，与潮白河交汇，入通州境，从而形成"二水汇流"景观。温榆河流至州城北关闸，以上河道统称之为温榆河，以下河道因为汉代所设"潞县"，遂称之为潞河。明清时期，潞河成为京杭大运河北端的一段河道，所以又名北运河。

潮白河是由潮河和白河两条支流汇合而成的河流，东支为潮河，西支为白河。潮河发源于河北丰宁，经滦平县，自古北口入密云，有安达木河、清水河、红门川等支流汇入。白河发源于河北省沽源县，经赤城县，于白河堡进入延庆，沿途有黑河、汤河、白马关河等支流汇入。

由于地理地貌的改变，到民国时期潮白河改道。新中国成立后，通州区行政区划多次调整，现在潮白河成为北京市与河北省的界河。作为"通州八景"的"二水汇流"景观不复存在，但形成了北运河、通惠河、温榆河、小中河和运潮减河在通州古城东北处交汇的新景观，被人们称为"五河交汇"。

"万舟骈集"期重现

"万舟骈集"景观是指漕运繁盛之时，从南方到来的运粮船浩浩荡荡地聚集在运河北端河面上的情景。随着漕运的衰落，该景象早就不复存在了，只能从一些文学作品和文献记载中寻找当年的影子。

乾隆四十五年（1780年），朝鲜著名学者朴趾源，随朝鲜使团来北京祝乾隆皇帝七十大寿，将其沿途所见所闻写成了《热河日记》。使团从东北经山海关而来，当他来到通州看见运河漕船帆樯林立的情景，写下了"舟楫之盛，可敌长城之雄""不见潞河之舟楫，则不识帝都之状也"的文字，形象生动地描述了"万舟骈集"的漕运胜景。

通惠河上的游船旧影

那么,"万舟骈集"所谓"万舟"到底有多少船只呢?根据历史资料,明成化年间为 12114 只,嘉靖为 12140 只,万历为 11688 只。到了清代,康熙以前,漕船最多时有 14505 只,雍正以后逐渐减少。雍正四年(1726 年)为 6406 只,乾隆年间增加至 6969 只,之后,船只数量就呈下降趋势,但是在咸丰前期都能维持在 6000 只以上。咸丰朝后期,漕船下降趋势就很明显了。

"万舟骈集"中,最主要的还是漕船。漕船大致有三种类型。一类是江广船,主要是江西、湖南、湖北三省的漕船,要航经长江,所以船身大,吃水深,运行不便,但是运量大。另一类是江浙船,江浙一带所用漕船故名,因航行要经过太湖,体量次于江广船。还有一类就是山东、河南所用的浅船,体量最小,但是航行最为轻便。

每年这条运河要承担多少运量呢?在李文治和江太新两位学

者合著的《清代漕运》中，依据清代档案，整理出一个"清代漕粮历年起运交仓表"，对每年运粮情况有清楚的统计。根据统计表，可以看到清代漕粮交仓的情况。嘉庆前，每年平均在400万石左右。道光开始，逐渐减少至300万石，乃至200万石。

随着运河漕运功能消失，"万舟骈集"景象逐渐尘封在历史的深处。最近有新闻报道，说要实现京津冀三地大运河通航，重现历史盛景。随着时代发展，大运河失去了原有功能，已经列为世界文化遗产，应该按照文化遗产的学科规律去保护、利用。如果出于为老百姓谋福利，有现实需求，也具备了水源等必要条件，实现通航当然是一件好事。

京门第一驿——潞河驿

现在的东关大桥西端西南约百余米的位置，就是历史上著名的潞河驿所在地。潞河驿又称潞河水马驿，具有陆驿和水驿的双重功能。这是由通州在当时全国交通体系中重要位置所决定的：

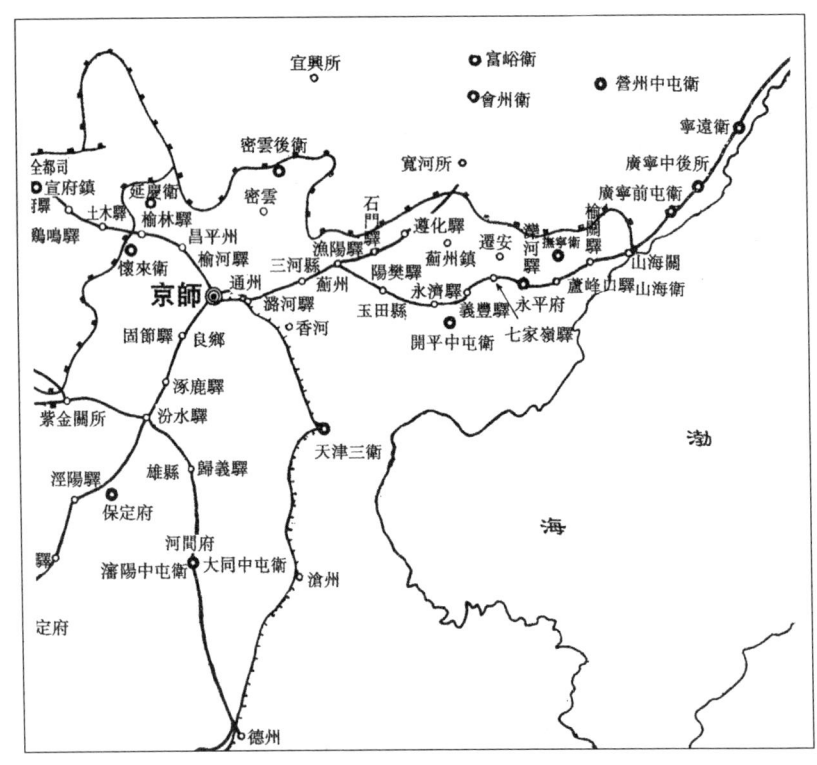

明代通州在交通体系中的位置

元明清时期，朝廷依托京杭大运河及沿线各城市，构筑辐射南方各省，并与福州、泉州等海港建立起通畅的联系；从北京出山海关通往东北地区、朝鲜半岛的庞大的交通和防御体系。山海关古称榆关，所以从北京到山海关的古道也称榆关道。无论沿京杭大运河的水路，还是沿榆关道的陆路，都要在通州交汇。

明清时期，朝廷十分重视运河驿传系统的建设，在通州设立了潞河水马驿。在顺天府地区仅潞河水马驿一处，在京杭大运河上仅有通州的潞河水马驿和临清州的清源水马驿两所。由此可见潞河水马驿在交通史上的重要地位了。

由于水马驿的功能特殊，官府在配置上极为重视，既配有马匹，也配有船只。嘉靖《通州志略》对潞河水马驿的配置有详细记载。根据明朝驿站管理规定，陆路以马驴，水路以舟，都有编制和待遇：

上马一匹，编粮三百五十石；中马一匹，编粮三百石；下马一匹，编粮二百五十石；骡一头，编粮一百石；驴一头，编粮五十石。站船一只，编粮四百五十石。潞河驿有上中下马二十六匹，驴八十九头，站船水夫一百二十名，共粮一万七千五百五十石，还有银钱几千两。

潞河驿不是一处普通驿站，是明清时期对外交流的重要场所。从宣德八年（1433年）八月的一条史料也能得到印证：

> 时行在工部奏：通州水马驿俱隘陋弊坏，外夷朝贡使臣往来多无宿顿之舍，请曾广并为一所。上命尚书李友直督本州民，同通州五卫军士协力营之。

在潞河驿南侧有一个亭子，内立"潞河水马驿"碑，被称为驿亭，又因为其外形为四角攒尖带宝顶，用的是黄色琉璃瓦，所以又称为"黄亭子"。黄亭子是潞河驿的标志，也是漕船与民船的分界线。黄亭子以北，只有漕船和黄船可以进入，分别到土石二坝和黄船坞，而商船、客船则不能进入。黄亭子虽然体量并不高大，但是在通州城具有标志性的意义。

清康熙三十四年（1695年），因保证漕船运粮，将此驿南移到张家湾城南门外萧太后河南岸，与合河驿并。乾隆年间于此改为东路御酒厂。民国间仍作酒厂，但改建颇多。1949年后，潞河驿仅余递运所院落，改为商业用房。前几年，在上营棚户区改造过程中，残存的潞河驿古建被拆除。从此，京门第一驿——潞河驿不存。

穿越回明清通州古城

名副其实的北方水城

从运河上看通州城,只见车水马龙,高楼林立,是一座发达的现代城市。如果穿越到明清漕运兴盛之时,通州城是一座繁荣富庶无比的城市,名副其实的国际"大城市"。乾隆年间,有一位名叫金士龙的朝鲜使臣,在《燕行录》中记载:

(通州)仓廪之富,实甲于燕。盖天下漕运之船,云集江边。百官颁禄自此中辨出,而春夏之间,帆樯如束,连续十余里云。南城门,楼高两层,匾曰新京左辅。初来时,晓色熹微,不能领略矣,今则详视城池之壮,人物之众,店坊车马之络绎,下于燕京,而似胜于沈阳。

甚至还有使臣认为通州的繁华与皇都不相上下,如清光绪年间出使燕京的柳厚祚就是其中一位,他在《燕行日记》中写道:

入其城,左右市廛,饰以黄金。物货之盛,人物之繁,与皇城几为相等。

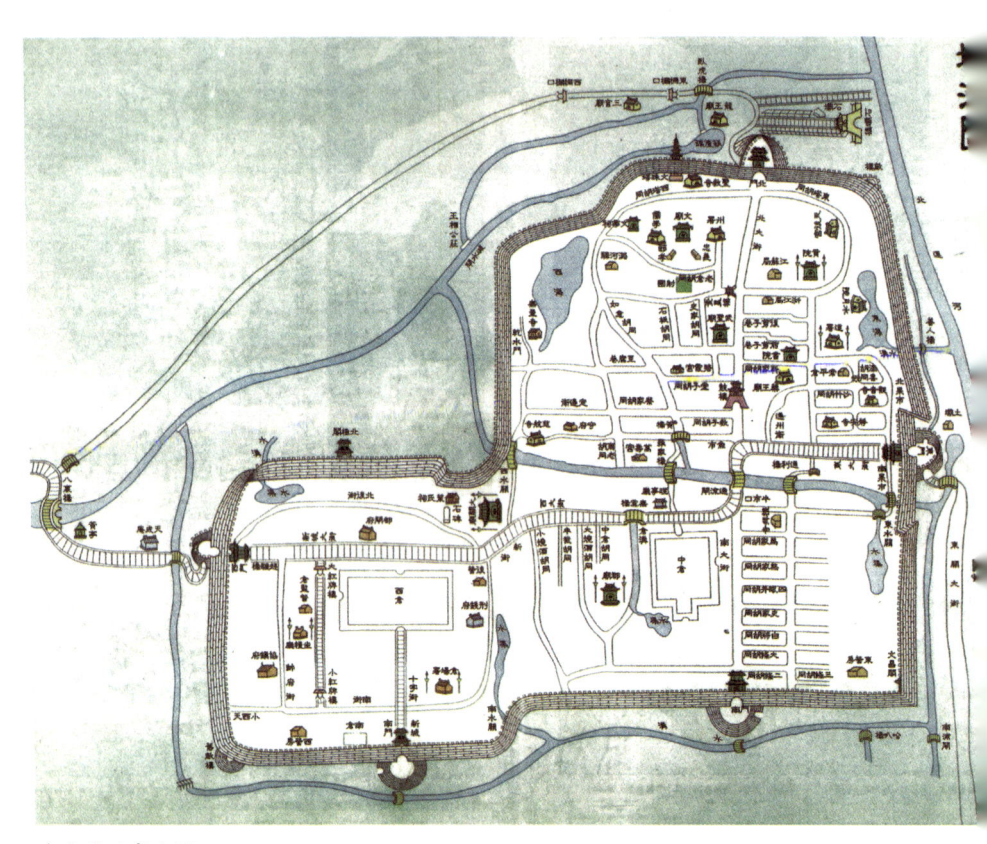

清代通州城池图

无论是沿京杭大运河的水路，还是经由榆关道的陆路进京的人们，包括商人使臣、官员士子等都要经过通州。他们在通州城外首先看到的是通州城标志——燃灯塔。在明清时期，城市建筑高度一般不会超过城墙的高度。据史料记载，通州城连垛墙高三丈五尺，也就是约十二米高，而燃灯塔十三层，五十多米高。清朝学者王维珍有"一枝塔影认通州"的诗句，流传甚广。

　　走到通州城下，仰望通州城，才能真正感受到通州城的宏伟。明朝大学士杨士奇在一首诗中这样咏通州城："城倚红云下，门临绿水滨。"通州城多么壮观呀！景色多美呀！通州城东门连接榆关道，面向大运河，曰通运门，是进入通州城的必经之地。说起通州城的城门，其名称也很讲究：东曰通运，因面朝大运河而得名，也有通向好运之寓意；北曰凝翠，因为在通州北门可见翠色的燕山，故名凝翠；南曰迎薰，薰是南方出产的一种衣，代指南方；西曰朝天，天即天子，皇帝，朝天即朝拜天子。

　　整个城市形如大船，所以民间流传这样的民谣：

　　　　通州城好大船，
　　　　燃灯宝塔作桅杆。
　　　　钟鼓楼的仓，玉带河的缆。
　　　　铁锚落在张家湾。

　　通州城还有一点值得称道，就是整个城市利用通惠河和北运

位于通州古城中轴线上的鼓楼旧影

河,形成了一个科学的河湖水系,是名副其实的北方水城。关于通州城的水系设计,《光绪顺天府志》有明确记载:

> (通惠河)经通州新城西北,分流为护城河南出,经筛子庄西,又经新城,西出桥下。城之西北有水渠,其涓滴所积也,护城河又折东,经南水关外,分流入南水关为一渠。护城河又东出南门粮桥、哈叭桥、南浦闸桥,与东水关南流一支合。其经流经新城西北隅,东流五里

许，分支南出，经城北一里之天桥湾西，汇旧城西水关。

这不仅解决了通州城西护城河和南护城河的问题，而且还具备运输的条件。该水道连接了土坝与中西两仓，具有水运功能。通州古城还十分注重对水的利用。在北城，设计者设置了两处大的湖泊，即西海子和东海子。在南部，设计者在西水关、东水关附近和粮仓附近，设置了四处水渠。这样的水系设计，既能起军事防御（护城河）、防洪排涝、粮食运输、城市消防等功能，还能起到塑造城市景观，调节小气候等综合作用。

商市与衙署

通州城商业很繁荣，在旧城东部，集中形成粮食市、江米店、果子市、瓷器市场、鱼市等各类专业市场，专门进行批发和零售。其他市场虽不在东关，但是南来北往的货物都经由东关发往各地。东大街是通州城重要的商业通道，其两侧分布了大量商铺。这从朝鲜使臣日记中可见一斑。如朴趾源的《热河日记》中说：

下船登岸，车马塞路不可行。既入东门，至西门五里之间，独轮车数万塞无回旋处。遂下马，入一铺中，其瑰丽繁复，亦非盛京、山海关之比矣。艰穿条路，寸寸前进。市门匾曰万艘云集，大街上建二檐高楼，题曰声闻九天。城外有三所仓厫，制如城郭。

李宜显在《庚子燕行杂识》中写道：

> 由东城而入，街路之上，往来行人及商胡之驱车乘马者，填街溢巷，肩摩毂击，市肆丰侈，杂货云委，处处旗幡，左右森列，如戎装皮靴、红帽子、画、瓷器、米谷、羊、猪、姜、葫葱、白菜、胡萝菖之属，或聚置廛上，或积在路边，车运担负，不可尽数。

东大街通州夜市，在当时十分有名。朝鲜使臣对此印象深刻，并兴致勃勃地体验一番。如姜时永在《輶轩续录》中记载：

> 遂骑马由东门入城……此时日已昏黄，路傍市肆栉比，金碧照耀，比沈阳不知几倍。而各铺各店张灯点蜡，一铺所燃，大约为数三十，而都是羊角灯，上下四旁通明如昼，无微不烛。夜亦交易，肩摩毂击而绝无喧哗，俗谓通州夜市者此也。未知成都、广陵比此何如，而此是两京通货水陆都会，故人殷物富，自尔如此。

通州城的北城主要为通州衙署、通永道署等官署，还有文庙、书院、贡院等文教机构。用现在的话说，就是承担了行政办公和文化教育等功能；南城和后来所建的新城（西部城区）主要是中仓和西仓的所在地，承担仓储的功能。

1900年的通州中仓

通州的"帝王缘"

在不少帝王的经历中，通州也是一座十分神奇的幸运之地。金海陵王完颜亮和明成祖朱棣等与通州城结下了不解之缘，可以说，通州城在他们成就霸业进程中，发挥了十分重要的作用。

金天德三年（1151年），完颜亮下诏决定自上京迁都燕京，并在辽南京的基础上，营建金中都。也就是这一年，他下令将潞县升格为通州。因为通州这个地方太重要，营建中都的物资，以及迁都后的吃穿用度，都离不开运河，也离不开通州。两年后，海陵王正式迁往金中都。

在明成祖朱棣"靖难之役"时，建文元年（1399年）十一月的一次战役中，某日，突降大雪，河面结了厚冰。朱棣果断率师渡河，击败对手。这次战役对朱棣成就大业十分关键，时隔十六年，也就是永乐十三年（1415年）十月的一天，永乐皇帝到东郊打猎，路过白河，当年的情景浮现在眼前。朱棣触景生情，对身边人说："朕昔靖难时，尝冬月欲渡过此河，甫至而冰合，遂济师。当时亦岂有今日！神明之相，未尝忘也。"朱棣认为通州是他的幸运之地，为纪念当时渡河所骑之马，特意修建马神庙，并将驻守通州的通州卫，由普通卫军升为皇帝的亲军。

在当时的通州城，不仅能看到南来北往的商贾行旅、九流三教，还能看到世界各地的使臣商队，甚至还能邂逅微服私访的帝王。《清实录》中记载，乾隆帝在《过通州》写道：

>　　树梢看塔影，烟外过通州。
>　　沙岭延东亘，潞河自北流。
>　　浮桥连巨鹢，野岸起闲鸥。
>　　发帑完城郭，无非保障谋。

"一塔三庙"留遗珍

标志性的燃灯塔

燃灯塔历史十分悠久,民间有"先有燃灯塔,后有通州城"之说。燃灯塔已成为通州的标志。在过去,人们看到燃灯塔就知道通州到了。

通州燃灯塔是八角密檐式实心塔,具有典型的辽代建筑风格。

燃灯塔

所谓密檐式，简单说就是塔的每层都由密密的椽子构成的屋檐式。塔本身是一件精妙的艺术作品，每个部分构思极为精巧，工艺十分精细。从细部看，塔座下腰上部有砖雕大力士像，为典型辽代力士像，其上砖雕斗拱，整个设计既合理又富有艺术感，就像是大力士背负着斗拱。斗拱之上为砖雕仿木勾栏，三抹两层，下层为几何纹装饰，上层为望柱浮雕宝瓶，栏板浮雕折枝瓶菊、二龙戏珠、朱雀衔芝等古典吉祥寓意的图案。

塔身收分极小，几乎为直上直下的柱状，建筑的技术要求极高，不禁使人对中国古代建筑智慧更加佩服，也更加为之感到自豪。塔座为双束腰莲花座，共有十三层，抬头仰望，宝塔直入云霄，在蔚蓝天空的背景下，白云缓缓浮动，被塔刹分割，微风拂过，铃音清脆，甚是壮观，这就是"古塔凌云"景观。

通州的燃灯塔和临清舍利宝塔、扬州文峰塔、杭州六和塔，并称为"运河四大名塔"，为运河岸边标志性建筑。

值得一提的是，北京大学的博雅塔是仿照通州燃灯塔而建的。博雅塔建于 1924 年，为解决燕京大学师生用水问题而修建。因为捐资人是美国人 James Wolcott Porter，汉语名叫"博雅各"，燕京大学是美国教会主办的学校，他们有个传统，就是新修建的建筑物以捐资人的名字命名，所以这座水塔叫"博雅塔"。

经过一千多年风雨，燃灯塔经历了历次毁坏，每次都如凤凰涅槃，得到新生。至今,燃灯塔依然矗立在通惠河与北运河交汇处，守望着通州古城。

幸存的"三教庙"

"三教"指的是儒、释、道三教。著名学者柳存仁认为:"唐代以来的所谓三教,这个教指的是教化的意思,不一定要把儒家看作是宗教。"这种说法很有代表性。"三教庙"其实为三座庙宇,分别为儒家的文庙,佛教的佑胜教寺,道教的紫清宫。该处历史文化风貌区是通州古代文化遗存的精华,集中体现了通州历史文化的特性。

整个"三教庙"呈"品"形分布。正前方为文庙,为三教中

通州三教庙

面积最大者。此庙建于元代大德二年（1298年），是北京地区历史最为悠久的孔庙之一。通州文庙经过历次修缮扩建，逐渐形成一定的规模，在京畿地区有很大的影响力。但是，1949年后不久，通州文庙遭到破坏，其建筑几乎全部被推倒，在其原址上建立了北京花丝镶嵌厂。幸运的是大成殿作为该厂的仓库而幸免于难，其余建筑的地基都被保留了下来。后来的复建工作是在尊重历史、力存旧貌的原则下进行的。从2002年开始到2008年，文庙中轴线上的建筑全部恢复。2015年到2016年，文庙西路建筑也恢复完毕。

文庙的北侧，燃灯佛塔下有佛教的佑胜教寺。史书记载，佑胜教寺"俗传为塔庵"。由此推测，佑胜教寺因燃灯佛塔而出现。

在文庙的北侧偏东，也就是佑胜教寺正东是道教庙宇，名曰紫清宫。通州民间称为"红孩儿庙"，因为其殿壁所绘红孩儿十分生动之故。关于紫清宫的史料，主要来源于两篇碑记。一碑立于佑胜教寺内正殿前，为民国十年（1921年）所立，刻有《敕建紫清宫始末记》。另一块碑立于紫清宫内，是民国二十五年（1936年）所立，刻有《重修通县佑胜教寺记》。根据该碑记载，紫清宫供奉紫清真君。"紫清真君者，有宋之白玉蟾道祖也。"白玉蟾是南宋的内丹理论家，南宗的实际创立者，世称"紫清先生"。

通州"三教庙"是历史留给今人的宝贵财富，将在新的时代，继续发挥其文化价值。

"十八个半截胡同"与通州清真寺

南大街及十八个半截胡同是体现明清通州古城城市肌理和风貌的一片区域，也是通州城内回民聚居地。大家听到这个名字都会感觉很奇怪，怎么会形成半条胡同呢？即使再短的胡同也是一条胡同啊。到实地看看，您就会发现，一条南北走向的中街将马家胡同、熊家胡同、紫竹庵胡同、蔡老胡同、白将军胡同、头条、南二条、南三条等八条东西走向的胡同一分为二，形成十六条半截胡同。还有两条半截胡同，一条是最北的北二条胡同，其西端是扩建后的清真寺，另一条是夹在熊家胡同和紫竹庵胡同中间的小胡同，本名就叫半截胡同。这样，就形成了十八个半截胡同的格局。

您可能要问，为什么中间要有一条"中街"将这些胡同拦腰截断呢？那是为便于居民到清真寺，而顺势而成的南北向直通清真寺的"中街"。也就是说，先有通州清真寺，后有十八个半截胡同。这也反映了回族文化的一个特点，就是大凡有回民聚集的地方，就有清真寺。通州清真寺在元代中期形成的，而十八个半截胡同的形成是在明朝建立后的事，而且经历十分漫长的过程。

通州清真寺是北京地区四大清真寺之一，历史悠久，始建于元朝延祐年间（1320年前后），因此地当时称为牛市口，被称为

"牛市口礼拜寺"。明正德十四年（1519年）重修，改称为朝真寺。万历二十一年（1593年），在"诏修天下清真寺"之际，该寺得以扩建，易称清真寺。同治初年，增修邦克楼，基本形成了现在的规模和形制。1985年被列为北京市文物保护单位。

提起通州清真寺，不得不提邦克楼内悬挂的"万寿无疆"匾，它提示着人们这座清真寺的不同寻常之处。传说这与康熙皇帝有关。

康熙五十年（1711年）春，康熙皇帝视察通州运河河堤。当时运河还在封冻期，康熙皇帝在此期间微服私访。这件事在《清史稿》上有记载："五十年辛卯春正月癸丑，上巡畿甸，视通州河堤。"在《康熙朝实录》中也有明确记载：

> 上巡视通州河堤，命皇太子允礽、皇四子和硕雍亲王胤禛、皇五子和硕恒亲王允祺、皇八子多罗贝勒允禩、皇十四子固山贝子允禵、皇十五子允禑、皇十六子允禄随驾。

在通州民间就流传着这样一则故事：

康熙皇帝住在运河西岸的一家客店。一天，他身穿便服，随众人进入城内礼拜寺，看看回民的礼拜、言谈等情况。后来，这件事被地方官知道了，于是把康熙住过的客房保护起来，设立了"宝座"。"漕运"客商集资买下了该客店，建成东关礼拜寺，在大殿里设置"万岁龛"。

通州清真寺不甘落后，在同治初年大规模扩建中，修建了"邦克楼"，楼檐下挂了"万寿无疆"匾。

回族群众在十八个半截胡同创造了灿烂的历史，留下了丰厚的文化遗产。以饮食为例，被誉为"通州三宝"的"大顺斋糖火烧""小楼烧鲶鱼""万通酱豆腐"都是由回民创造的深受各族人民喜爱的清真食品。除此之外，还有各类小吃，用蒸、炸、煮、烙、烤、爆、涮、煎、炒、炖、熬、冲等不同烹调方法，制出甜、咸、酸、辣、香等各种美味。如油香、糖火烧、油茶、炸羊尾、扒肉条、驴打滚、艾窝窝、爆肚、糖卷果、羊蝎子、羊杂碎、涮百叶、烤羊肉串等都深受大众喜爱。

十八个半截胡同还出了不少名人。马经纶，明代通州人，官至监察御史，刚正不阿，触怒明神宗，被罢官回到莲花寺老家。

迁于西海子公园内的李卓吾墓

他为大思想家李贽（号卓吾）提供了最后的安身之所。在他的帮助下，李贽继续研究《易经》，并完成最后的著作《九正易因》。李贽死后，他又将大师遗骨迎回通州安葬，并创立书院，宣讲卓吾先生的思想。马经纶用自己的实际行动书写了让后人感佩之至的伟大友谊。

清嘉道年间，官至工部尚书的名臣白镕生于白将军胡同。民国时期著名画家张舒和，回族史专家、穆光小学创始人金吉堂，百姓身边的大夫朱诩周，万通酱园创始人、著名慈善家马兆丰等都与十八个半截胡同有很密切的联系。

天翻地覆的运河两岸

从通州城眺望,大运河一如既往地安静流淌,但是运河两岸的变化,真是日新月异。作为一个生活工作在通州的人,我见证了这样的变化,并在一定程度参与到变化的过程中。十几年前,大运河还是一条通州的城外河,现在变成了城中河。那时候,运河以东还没有人愿意去,而今天这里是人们最向往的地方。从通州城北往南近十公里的运河两岸,近几年加大植树造林的力度,形成了大运河万亩滨河森林公园。借助运河大堤,公园还设置了

大运河森林公园内的观景平台

大运河上的航船和运河西岸堆放物品的情景（20世纪20年代）

骑行绿道，深受市民的喜爱。运河水质也有明显改善，如果您有闲情雅致，还可以乘坐游船在运河上漂游。

从通州东关南行约四公里，大运河在这里拐了一个弯。紧临运河东北，拔地而起一片坐北朝南、整齐而庄严的建筑群，这就是北京城市副中心行政办公区(一期)。在行政办公区建设过程中，距离此处西北约两公里，考古发现了西汉路县古城遗址。西汉时期的人们对城址的选择是很讲究的，要"仰观天象，俯察地理"。选择在这里建城，不仅因为临近河流，交通方便，而且此处在《通州志》"星野图"中处在二十八宿中箕星和尾星交会处，当然是个好地方。看来，这个地方的确是一块宝地，一定能够绘制出新的壮美图景。

建设北京城市副中心是疏解北京非首都功能的重要一步，也是京津冀协同发展的重要举措，是北京发展史上具有里程碑意义的大事，被习近平总书记称为"千年大计、国家大事"。为了落实中央部署，北京市委、市政府从编制规划入手，通过全球招标的方式，邀请全世界顶尖的规划大师和规划团队进行北京城市副中心的规划设计。根据规划，这里不仅承担了北京市级机关行政办公的功能，而且还将建有综合交通枢纽。目前只有地铁六号线通到这里，以后将会有多条轨道交通线路在这里交会换乘。往南过运河，将会建设"城市绿心"。东方化工厂及周边小圣庙等村落已经进行搬迁提升，借助水系和绿化，形成一个大的城市公园。公园内将会布置博物馆、美术馆、图书馆等公共文化设施。再往南偏西就是正在建设中的环球影城主题公园。在不久的将来，这里将会是一个世界瞩目的、最具发展活力和文化吸引力的区域。

闻名遐迩的张家湾

曾是漕运重镇

张家湾古镇并不在京杭大运河边,但是在很长一个时期,张家湾却是一个很重要的漕运古镇。那是因为清嘉庆十三年(1808年),大运河有过一次改道,形成了今天大运河在通州地区的走向。而在此前,运河沿通州城东南流,行经通州东关,再向东南流经大棚村、小圣庙、北马头、张家湾、里二泗、崔家楼、西马坊、

张家湾古城遗址

民国时期的漕运景象

榆林庄、长陵营一线。至今,皇木厂村南北水塘、张家湾镇村东口外河道及里二泗北小盐沟仍存有运河古道遗址。

要去张家湾古镇,有很多路径。可以坐地铁八通线,到土桥站下来,然后顺着张采路,到太玉园小区南,问当地人,也就是一箭之地。如果不熟悉路线,自己驾车用导航,输入地点不能是张家湾古镇,而要输入"通运桥"。

张家湾古镇遗址依然在这里。张家湾古城和南门外的萧太后河及河上的通运桥,一起被列为北京市市级文物保护单位。几年前,这里一直是一些民房,还有一处仓库,杂草丛生,满目狼藉。近几年,当地政府十分重视古城的保护,将上面的建筑物进行搬迁,并制定了宏伟的保护和利用规划。

辽金时期,随着北京作为辽金两朝的都城,张家湾的地位进一步提升。辽宋对峙时期,辽国从辽东地区通过海路往辽南京运输粮草,在今天津宝坻、河北香河、北京通州地区开凿了萧太后运粮河,今日张家湾古城南门外还有萧太后河故道。

元朝海运、河运并行,但是以海运为主,将南方粮食及其他物资运往京师。海运粮食从天津上岸,然后经内河运至张家湾。《日下旧闻考》记载:

京杭大运河(通州东关段)

张家湾在州南十五里，元万户张瑄督海运至此而名。东南运艘由直沽百十里至河西务，又百三十里至张家湾，乃运入通州仓。

张家湾因张瑄督海运而得名，也因海运与河运而兴盛。

到了明代，嘉靖癸亥（1563年）农历十月，鞑靼兵攻破墙子岭，京师戒严。由于张家湾是"水陆之会，而百物之所聚之所"，第二年春，世宗皇帝"敕顺天府丞郭汝霖、通判欧阳昱，以二月二十二日始……越三月，遂以告成"。郭汝霖按时完成了张家湾城池的修建工作。

建成后的张家湾城：

周九百五丈有奇，厚一丈一尺，高视厚加一丈，内外皆甃以砖。东南滨潞河，阻水为险；西北环以壕。为门四，各冠以楼，又为便门一、水关三。而城之制悉备，中建屋若干楹。

这可不是一座普通的古城呀，它见证了太多的盛衰剧变，有漕运繁盛，也有战火鼙鼓。远的不说，近代以来，第二次鸦片战争期间，清军曾与英法联军在此交火，清军惨败，退守八里桥，发生了八里桥之战，又败。联军长驱直入，火烧圆明园，迫使清政府签订《北京条约》。

通运桥上的石狮子,有的已经风化剥蚀比较严重,但是还能感觉到那种古朴的韵味,而且形态各异,十分生动。有一些是后来补上的,明显感觉不到那种味道。桥面上的车辙让人很震撼,这是什么样的力量呀,长年累月的车轮的磨压,在厚重的石板上,留下了深深的沟壑。

曹雪芹墓葬刻石

距离张家湾古镇不远的张家湾村,有张家湾博物馆。这里面除了展示漕运文化,还展示了曹雪芹与张家湾的一些文献资料和曹雪芹墓葬刻石等文物资料。曹雪芹的祖上曾长期任江宁织造主事,在京杭大运河的北端码头通州张家湾置办大量产业。康熙五十四年(1715年)七月十六日《江宁织造曹頫覆奏家务家产折》:

曹雪芹墓葬刻石

所有遗存产业,惟京中住房二所,外城鲜鱼口空房一所,通州典地六百亩,张家湾当铺一所,本银七千两,江南含山县田二百余亩,芜湖县田一百余亩,扬州旧房一所。此外并无买卖积蓄。

到曹雪芹父辈,家道已经中落,曹家从江南回到北京居住。曹雪芹常与朋友爱新觉罗·敦诚和爱新觉罗·敦敏等好友到通州游玩。曹雪芹病逝后，由好友安葬于通州张家湾曹家墓地。关于曹雪芹是否葬于张家湾，学术界尚有争论。随着1992年曹雪芹墓葬刻石的出现，此争论受到社会广泛关注。现在争论的关键为墓葬刻石的真伪。

琉球国人墓地

张家湾博物馆南约一公里是立禅庵村，琉球国人墓地就曾经在这里。很可惜，现在这里是一片果园，没有留下什么遗迹，只有一块"王大业墓碑"存放在通州博物馆。据考证，张家湾琉球人墓园至少有杨联桂、梁允治、蔡宏训、程允升、夏瑞龙、郑国观、金型、郑孝思、王大业、林世功和几位不知名的官生等十三位墓主人。这里面不仅有琉球国出使中国的官员和在中国学习的官生，还有一位琉球国的民族英雄林世功。明清时期，琉球国一直是清朝的藩属国，同治年间，日本出兵吞并琉球。林世功一行到北京请求清政府出兵救国，但是此时清政府已经自顾不暇。为了自己的国家，林世功以死殉国。慈禧太后得知消息后，叹道："此诚忠臣也！实属可悯。"遂赐银二百两，将其安葬于通州张家湾琉球国人墓园。

抗日战争时期，村民们将琉球国人当成日本人，对琉球国人墓地没有进行保护。1945年8月15日，日本帝国主义正式宣布无条件投降后，当地村民痛将此处琉球国人墓碑全部推倒。随着历史变迁，墓园已不复存在，但这段历史被记录在文献资料中。

里二泗佑民观

在张家湾镇里二泗村，大运河故道边，有一处与漕运有关的道观，即里二泗佑民观，也是一处与漕运有关的文化遗产。

里二泗村历史十分悠久，在这里曾发掘出土战国古墓数座，其历史至少可以追溯到战国时期。元明清时期，北运河流经里二泗村，形成了一处重要的漕运码头，往来南北的商船、商人云集，供奉河神及金花圣母的佑民观就应运而生，并在相当长的时期中香火旺盛。随着嘉庆十三年（1808年），北运河改道，里二泗村的地位逐渐衰落，佑民观的香火也随之少了很多，只剩下古树和一些古碑。2004年，里二泗村民筹集资金重修了坐北朝南四进院落。现在是正式的宗教活动场所，命名为"佑民坤道院"。

佑民观原来叫作李二寺，名字首现《元史》：

> 今岁新开闸河，分引浑、榆二河上源之水，故自李二寺至通州三十余里，河道浅涩。

《日下旧闻考》有"元史所载李二寺即今里二泗也，地在张家湾"之记载。《光绪通州志》中记：

> 佑民观，在州张家湾，即天妃庙，旧名里二泗。凡运船往来在此修醮……明嘉靖十四年道官周从善奏请赐额，观曰佑民，阁曰锡禧。

里二泗佑民观

　　由此可知，李二寺、里二泗、天妃庙、佑民观指的是同一个庙。
　　明嘉靖十四年（1535年），道官周从善修缮、扩建李二寺。周从善来自龙虎山天师府，是正一派"从"字辈道士。他与明世宗皇帝朱厚熜交好，奏请皇帝为寺庙赐名，世宗皇帝赐名为"佑民"，佑民观之名即始于此时。自此佑民观名气大增，之后也不断得到修缮。明万历十年（1582年），漕运总督灵璧侯汤世隆为保漕运平安，奏请神宗母亲李太后修缮佑民观。因李太后本系漷县人，又信仰金花圣母，所以对此要求欣然应允，并在以后对佑民观多有捐资。到了清代，顺治皇帝曾到佑民观巡幸，并"赐币五百两"，观中道士用这笔钱对佑民观进行了修缮。《清实录》中记载："康熙二十年……八月己酉，上自南苑驻跸里二泗。"佑民观的牌楼上有一匾额，上有康熙御笔的"保障漕河"四字。由此可见，佑民观在明清时期名头之大。
　　佑民观的庙场香会在当地也很有名，民间有"西有白云观，东有佑民观"的说法。《燕京岁时纪胜》有"(里二泗)五月朔至端阳日,于河内斗龙舟、夺锦标。香会纷纭,游人络绎"的记载。

从《光绪通州志》"即天妃庙"几字可知,庙里供有天妃,也就是妈祖,即东南沿海一带信奉的海神。这种信仰随着船只的往来被带到这里,成为以水运为中心的通州地区的主流信仰。被赐名为"锡禧"的阁为玉皇阁,据《日下旧闻考》记载:"原里二泗张家湾有佑民观,中建玉皇阁、醮坛、塑河神像",可知其中还供奉着河神像。这河神、海神共存一庙的情景,也算是这佑民观的一大特色。《燕京岁时纪胜》记载:

> 里二泗河神祠四月四日有庙会,祠在张家湾运河之滨。昔年江浙二省漕运皆由内河,粮船至此停泊者数十艘,凑费演戏酬神。

四月四日的庙会是由来自江浙的船商自己出资组织的,目的是为了感谢河神、海神保佑了遥远旅程中往来货船的平安。

民国时期,里二泗的庙会仍然远近闻名。据著名作家刘绍棠回忆:

> 每年阴历正月十五、三月十五、四月十八和五月初一,都要举行进香赛愿的盛大庙会,尤其以正月十五和五月初一的两次庙会最为隆重。各路民间花会艺人,高跷、秧歌、狮子、龙灯、花棍、竹马、腰鼓、旱船、

中幡、少林、十不全、小车会……争先恐后奔赴里二泗河神庙朝顶进香。

儒林村刘绍棠墓

沿北运河大堤，出了大运河万亩滨河森林公园，往南路过武窑村，就来到西集镇界。近些年，西集镇的沙古堆村因樱桃而出名。如果在春夏之交来到这里，到处是一望无际的樱桃园。摘完樱桃，再吃顿农家饭，对久居城里的人来说，这样的体验十分惬意。饱览田园风光，呼吸着带有泥土气息的新鲜空气，体验采摘的乐趣，与大运河来个近距离接触，想想都觉得有意思。

从沙古堆村沿大堤往南，约两公里，就到了阳光国家会议中心。在会议中心西侧约一百米，有一处简陋得不能再简陋的墓，这就是大运河之子——刘绍棠先生的墓。

刘绍棠先生墓位于运河岸边的儒林村。这也是刘绍棠先生出生的地方，一个十分普通的北方小村庄。后来，刘绍棠成为著名作家，作品多以北运河一带农村生活为题材，格调清新淳朴，确立了乡土文学的品牌。20 世纪 80 年代初开始，刘绍棠先生最早提出了弘扬"大运河文化"的想法，并逐渐得到各界响应，通州区也被评为"中国乡土文学之乡"。

1997 年，刘绍棠先生去世，魂归故里，长眠于大运河畔！

延芳淀与潞县城

继续沿着大运河南行,运河两岸是静谧的田园风光。运河东岸为西集镇,运河西岸为漷县镇。

漷县是一个古老的地名,最早可以追溯到汉代。该地在汉代仅为一个村落,名为霍村,属泉州县(魏名雍奴县,唐称武清县),在雍奴薮北部东畔。辽占幽州后,耶律德光立即决定升幽州为辽国的南京。辽国建立者契丹族人有"捺钵"习俗,辽代皇帝继承了这种习俗,四时各有狩猎游牧之所,并设行宫,又称四时捺钵。此时,雍奴薮演化成若干湖沼,村西辽阔水面称延芳淀,是辽帝春捺钵所在地,主要活动是放鹰捕杀天鹅、野鸭、大雁和凿冰以后用铁钩将鱼"钩"出来。辽朝统治者将武清县北部和潞县南部划出区域,设置为漷阴县。尤其是辽圣宗时期,皇帝及其母亲承天太后经常率众到这里游猎。每至必有大批官员陪猎,无数兵士护从。又于淀上演练水战,以破北宋在沿界之处防卫策略。

至元代,因永定河、潮白河洪水泛滥,延芳淀渐被淤塞,化为几处较大孤立水面。元朝皇帝及王公到此游猎,在此设有柳林行宫等皇家建筑,据说忽必烈常常巡幸驻跸于此。一副名联极有可能产生于此。据《长安客话》记载,元丞相脱脱将赴三河,至宫廷向元主辞别,元主赐宴。至深夜,脱脱站起来说,他明天一

延芳淀与漷县城 / 247

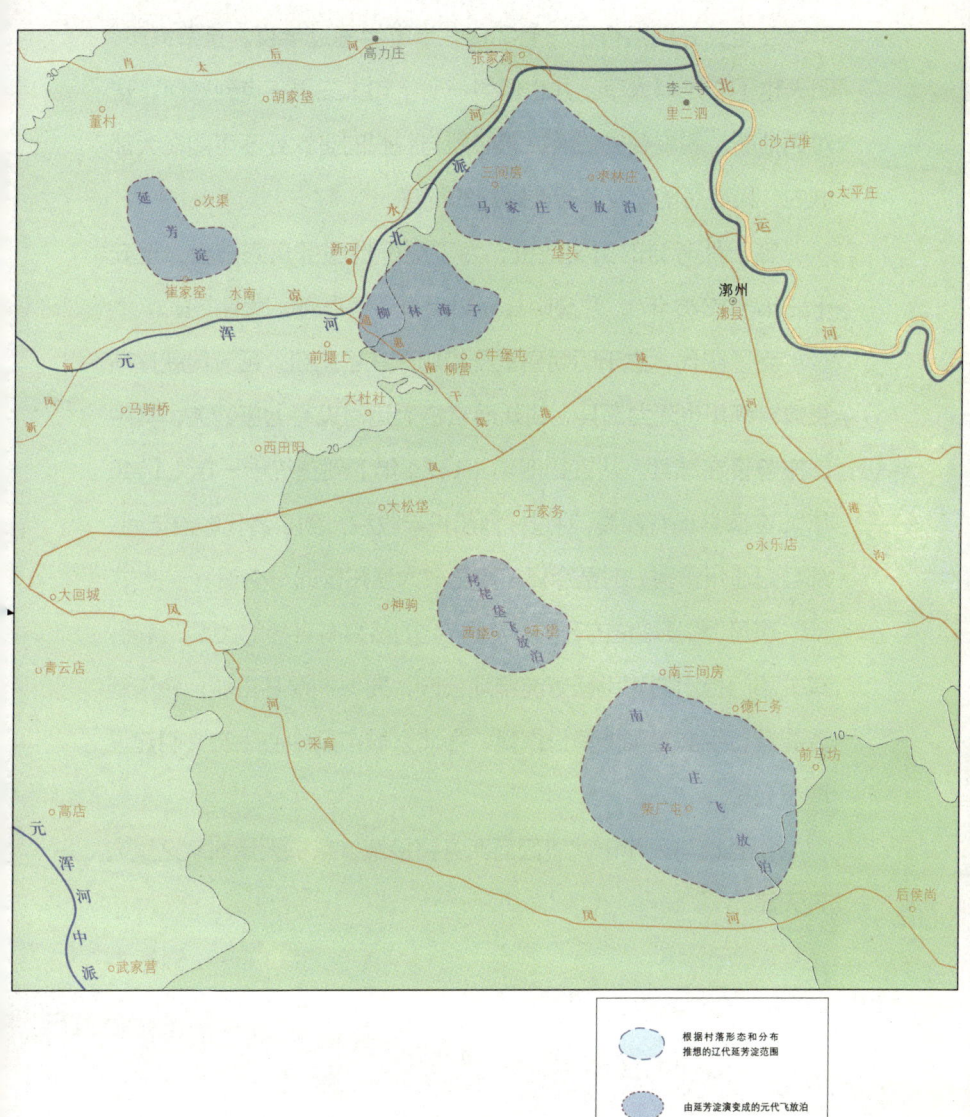

元代延芳淀离析成多个放飞泊

根据村落形态和分布推想的辽代延芳淀范围

由延芳淀演变成的元代飞放泊

早就会走，并偶然得了一七字句：半醉半醒过半夜。皇帝笑曰，明天也不必走得太早，并也偶得一七字句：三更三点到三河。从对话推断，脱脱要去三河，忽必烈与脱脱的宴饮处不可能在大都城内，极有可能就在延芳淀附近的行宫。

鉴于延芳淀的重要地位，为了更好地服务皇家游猎，至元十三年（1276年），升潞阴县为漷州，且领香河、武清二县。

到了明代，由于明朝皇室狩猎场改在了南苑，延芳淀就逐渐衰败，漷州也降为漷县。朝廷沿京杭大运河设有七座钞关，其中一座曾设在漷县。从宣德四年（1429年）到正统十一年（1446年），在漷县设有钞关，对过往商船设卡收税。到了清代顺治年间，漷县归通州管辖。时至今日，漷县成为通州区的一个镇。

可见，漷县地位的升降，与延芳淀的盛衰有直接的关系。目前，有关部门提出要建设延芳淀湿地公园，要保护漷县古城。希望延芳淀昔日生态景观能早日恢复，为北京城市副中心生态文明建设增添光彩。

漷县镇与天津市武清区河西务镇接壤，京杭大运河从这里流入天津。

参考书目

（元）脱脱等，《金史》，北京：中华书局，2000

（元）熊梦祥，《析津志辑佚》，北京：北京古籍出版社，1983

（明）宋濂等，《元史》，北京：中华书局，2000

（明）沈榜，《宛署杂记》，北京：北京古籍出版社，1983

（明）杨行中，刘宗永点校，《(嘉靖)通州志略》，北京：中国书店出版社，2007

（清）张廷玉，《明史》，北京：中华书局，2000

（清）赵尔巽等，《清史稿》，北京：中华书局，1998

（清）佚名，北京图书馆善本组标点，陈高华校订，《人海诗区》，北京：北京古籍出版社，1994

（清）王士祯，《居易录》，清康熙（1662—1722）刻本

（清）震钧，《天咫偶闻》，北京：北京古籍出版社，1982

（清）孙承泽，《春明梦余录》，北京：北京古籍出版社，1992

（清）于敏中等，《日下旧闻考》，北京：北京古籍出版社，1983

（清）周家楣等，《光绪顺天府志》，北京：北京古籍出版社，1987

（清）缪荃孙等，《光绪昌平州志》，北京：北京古籍出版社，1989

（清）潘荣陛，（清）富察敦崇，《帝京岁时纪胜·燕京岁时记》，北京：北京古籍出版社，1981

（清）励宗万，阙名，《京城古迹考·日下尊闻录》，北京：古籍出版社，1981

（清）黄彭年，《畿辅通志》，北京：商务印书馆，1934

（清）顾炎武，《昌平山水记·京东考古录》，北京：北京古籍出版社，1980

（清）吴存礼等，《（康熙）通州志》，清康熙三十六年（1697）刻本

（清）黄成章，《（雍正）通州新志》，清雍正二年（1724）刻本

（清）刘锡信，《潞城考古录》，清乾隆四十三年（1778）刻本

（清）高天凤等，《（乾隆）通州志》，清乾隆四十八年（1783）刻本

（清）管庭芬，《潞阴志略》，首都图书馆，1960

（清）英良等，《（光绪）通州志》，清光绪五年（1879）

汤用彬等编著，《旧都文物略》，北京：北京古籍出版社，2000

张次溪，《燕京访古录》，北京：中华印书局，1934

张次溪，《北平史迹丛书》，北京：国立北平研究院，1937

张次溪，《京津风土丛书》，北京：宣武门外烂缦胡同49号，1938

张次溪，《燕都风土丛书》，北京：松筠阁书店，1939

张次溪，《北平岁时志》，北京：北京古籍出版社，2018

郭则沄，《知寒轩谭荟》，北京：北京古籍出版社，2017

金士坚等，《通县志要》，通县公署，民国三十年（1941）

雷梦水辑，《北京风俗杂咏续编》，北京：北京古籍出版社，1987

吴仲，段天顺等点校，《通惠河志》，北京：中国书店出版社，1992

张宗平等译，《清末北京志资料》，北京：北京燕山出版社，1994

吴廷燮，《北京市志稿》，北京：北京燕山出版社，1998

李家瑞，《北平风俗类征》，北京：北京出版社，2010

侯仁之主编，《北京历史地图集》，北京：北京出版集团公司，

文津出版社，2013

王彬主编，《北京地名典》，北京：中国文联出版社，2001

〔美〕西德尼·D·甘博，《北京社会调查》，北京：中国书店，2010

老舍，《老舍讲北京》，北京：北京出版社，2003

金受申，《金受申讲北京》，北京：北京出版社，2003

张中行，《张中行讲北京》，北京：北京出版社，2003

侯仁之，《侯仁之讲北京》，北京：北京出版社，2003

朱家溍，《朱家溍讲北京》，北京：北京出版社，2003

刘叶秋，《刘叶秋讲北京》，北京：北京出版社，2003

邓云乡，《邓云乡讲北京》，北京：北京出版社，2003

赵洛，《赵洛讲北京》，北京：北京出版社，2003

叶祖孚，《叶祖孚讲北京》，北京：北京出版社，2003

金受申，《北京的传说》，北京：北京出版社，2003

北京市政协文史资料委员会，《世纪风云》，北京：北京出版社，2000

北京市政协文史资料委员会，《商海沉浮》，北京：北京出版社，2000

北京市政协文史资料委员会，《风俗趣闻》，北京：北京出版社，2000

北京市政协文史资料委员会，《艺林沧桑》，北京：北京出版社，2000

北京市政协文史资料委员会，《杏坛忆旧》，北京：北京出版社，

北京市政协文史资料委员会,《梨园往事》,北京:北京出版社,2000

北京市政协文史资料委员会,《文苑撷英》,北京:北京出版社,2000

北京市政协文史资料委员会,《府国名址》,北京:北京出版社,2000

曹子西主编,《北京通史》,北京:北京燕山出版社,2012

王南,《古都北京》,北京:清华大学出版社,2012

尹钧科主编,《元代京畿地理》,北京:北京出版社,2016

尹钧科主编,《北京城市发展史》,北京:北京出版社,2016

尹钧科主编,《历代建置与机构》,北京:北京出版社,2016

尹钧科主编,《明清休闲地理》,北京:北京出版社,2016

尹钧科主编,《环境交通》,北京:北京出版社,2016

后　记

　　2017年9月底的一天，我供职了几十年的北京出版社，人文社科中心的领导安东，史志出版部的主任于虹，与我商量写一本记叙大运河在北京的区域内运流概况的书。

　　我认真地想了想，便答应了。

　　为什么？

　　也就是2017年，北京市提出了大运河文化带——长城文化带——西山永定河文化带这三个文化带的概念。作为一个老北京人，一个主要以出版北京历史文化书籍为务的人，我认识到宣传介绍这三个文化带的重要。

　　于是，从2017年10月1日起，我便踏上了北京城大运河一线的踏访。

　　我并非水利专业工作者，所以开始动笔以后并没有多大"内行"或是"外行"的负担。照着我所理解的写来，就是一个非专业视角，平民视角，庶几与更多的读者好沟通。错疏几乎是难免的，有专业的把关人指正就是了。

但我绝不停留在单纯的纸面上，网络材料面上，只凭着现成的资讯去写。我一则要对该叙写水道的历史材料有所了解——因为我所工作的积累，元明清以至民国和今天的各种史资繁多而丛杂，我力求观照的面要广一些，宽视角，多视角。

另外，绝不只做"纸上工夫"！从秋光艳艳的丽日下，到寒风凛冽的冬日中，再进入今年并不算早至的暖春，我间插着，从白浮泉老源头，中经这条水道的逐个节点，到通惠河流进通州的八里桥，我一一地做了踏访。我笔下所写，不能有我没亲眼看过的地方。看到的地段有可能未写，但写到的地段不允许未看！

前人之所记，再加上今日之所见，两者结合起来，有所遴选，有所提炼，稍加铺陈，稍讲文句……于是形成了这初步粗浅的记录。

我是喝着这条北京之水长大的。我的祖居，也就是在玉河岸畔。所以写这本书，我融入了自己的感情！

我不会写那种完全置身其外，一味客观的高头讲章。三十年前偶一次为一位领导代拟一份会议讲稿，结果人家念了几段，因其中含纳了几多现场因素，感慨色彩，领导大人只得磕磕巴巴"跳读"下去。我至今想起来都不好意思！

北京北京我的家！

我笔端流着对她的爱，写起来就难免发点小感叹，稍参入小评点。爱我家乡这是主体情怀，至于其间流露的赞叹，或者批评，不过都是愿她更美好的初心。想来大家是可以理解的。

我本愚钝人，脑力就差，笔头又慢，一篇短文"吭哟""刨哧"好几天。看人家笔杆子立试万言，倚马可待，几个月出一部书，我只有钦羡的份儿。

又实在说，我对北京的老城，以至西北部的原郊区，还算稍许不陌生，而对今日升为"副中心"的通州，除作少数几次旅游外去得很少。怎么办？写"急就篇"我干不了，于是在项目启动之初，我就特请了通州区委干部，通州文史专家杨家毅老师承担通惠河流入通州区域内的那一段的写作。我俩的表述风格做了些沟通，但内容为王，有个对整个水系的描述是第一务。

2018年3月18日星期日下午，本来计划是"收拾"书稿的时间，却在网络上收看到故宫博物院院长单霁翔在《北京青年报》的讲座。两个多小时，一听而不可放。故宫，1949年前有几任院长？1949年后又有几任院长？他们各有各的使命，各有各的努力。单院长赶上了中华传统文化真正弘扬的好时候，自己又尽心投入，所以开创了故宫生机万象的新局面！

我们这条北京的主河，从昌平(甚至密云、怀柔)入海淀，西城，东城，朝阳，东出通州，几乎勾挂了大多半北京城。这一水系所提供的舞台，比故宫要大得多，样态也比故宫要丰富得多。北京不是设立了"河长制"吗，倘若学学故宫的样子，立足这贯穿京城西北—东南的水脉，吃透这一线路诸个节点上的特色，搞出这一文化带的"新戏"来，该是相当精彩，可期可待！

奉在读者面前的就是这样一本书。对于我来说，这是一个为写作而逼迫学习的过程，是一个边学习边写作的结果。其中留下遗憾（如该写却篇幅所限而未写）我是自知的，其中仍有疏漏是确定无疑的。本来就是呈上一份草稿请大家指教的打算，所以真诚地愿意听取批评。

杨良志
2018年3月31日